NOUVELLES EXPÉRIENCES DE PARAPSYCHOLOGIE

Dans la même collection

Berlitz (Ch.), *L'Atlantide retrouvée. Le huitième continent.*
Berlitz (Ch.), *L'Arche de Noé retrouvée.*
Blin (C.), *Votre main, principes de chirométrie.*
Casgha (J.-Y.), *Les Archives secrètes de l'Atlantide.*
Chatelain (M.), *A la recherche de nos ancêtres cosmiques.*
Chauvin (R.), *Les Veilleurs du temps.*
Chauvin (R.), *Voyage outre-Terre.*
Daniken (E. von), *Preuves des civilisations extra-terrestres.*
Drouot (P.), *Nous sommes tous immortels.*
Fontbrune (J.-Ch. de), *Histoire et prophétie des papes.*
Fontbrune (J.-Ch. de), *Nostradamus, historien et prophète,* t. 1.
Fontbrune (J.-Ch. de), *Nostradamus, historien et prophète* (relié), t. 1.
Fontbrune (J.-Ch. de), *Nostradamus, historien et prophète,* t. 2.
Hutin (S.), *Nostradamus et l'alchimie.*
Mac Garey (W.), *Les Remèdes d'Edgar Cayce.*
Muldoon (S.) / Carrington (H.), *La Projection du corps astral.*
Murphy (J.) Dr., *Comment utiliser les pouvoirs du subconscient.*
Rampa (T.L.), *L'Ermite.*
Rampa (T.L.), *La Treizième Chandelle.*
Rampa (T.L.), *Pour entretenir la flamme.*
Réant (R.), *La Parapsychologie et l'invisible.*
Réant (R.), *Parapsychologie pratique pour tous.*
Réant (R.), *Pratiquez la parapsychologie.*
Reju (D.), *Le Troisième Secret de Fatima.*
Robinson (L.W.), *Enseignement et prédictions d'Edgar Cayce, médium et guérisseur.*

Raymond RÉANT

NOUVELLES EXPÉRIENCES DE PARAPSYCHOLOGIE

« Aux confins de l'étrange »
Éditions du Rocher
Jean-Paul BERTRAND - Éditeur

Du même auteur

— *Pouvoirs étranges d'un clairvoyant*
Raymond Réant/Alain Sotto
Éditions Sand et Tchou - Collection La nuit des mondes

— *Parapsychologie pratique pour tous*
Éditions du Rocher
Coll. Aux confins de l'étrange

— *Pratiquez la parapsychologie*
Éditions du Rocher
Coll. Aux confins de l'étrange

— *La Parapsychologie et l'invisible*
Éditions du Rocher
Coll. Aux confins de l'étrange

ISBN 226800745-6

JE SUIS NÉ SOUS LE SIGNE DU DRAGON

Dragon

THÈME ASTROLOGIQUE

Erigé le.................... pour M.(1) Raymond Réant né le 23 octobre 1928

DATE et HEURE
de ....(1)

Date ....
Heure légale M/S........
Heure Greenw. M/S .....
Heure locale M/S........

Temps sidéral :
....

par
....

LIEU de NAISSANCE
du Consultant :

Né à : Pas de Calais
Pays : ....
Long. Greenw. E/O : .....
Latitude N/S ....
Asc/dr. du M.C. : 22°

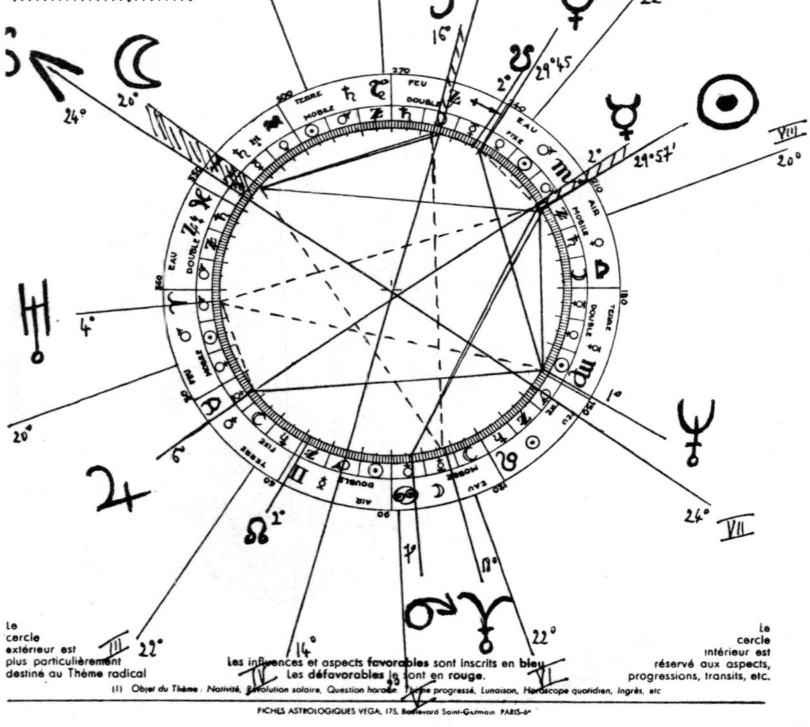

Le cercle extérieur est plus particulièrement destiné au Thème radical

Les influences et aspects **favorables** sont inscrits en **bleu**
Les **défavorables** le sont en **rouge**.

Le cercle intérieur est réservé aux aspects, progressions, transits, etc.

(1) *Objet du Thème : Nativité, Révolution solaire, Question horaire, Thème progressé, Lunaison, Horoscope quotidien, Ingrès, etc*

FICHES ASTROLOGIQUES VEGA, 175, Boulevard Saint-Germain PARIS-6e

La vie est infinie.
La mort n'est qu'une métamorphose.

Raymond RÉANT.

INTRODUCTION

> Il est facile de critiquer, mais moins de faire l'effort de s'initier afin de pouvoir dire : « A présent je sais ».
>
> (R. RÉANT)

Ceux qui connaissent mes travaux, savent qu'ils sont focalisés sur des expériences sérieusement contrôlées.

Il ne faudrait surtout pas croire que la science officielle soit la seule à pouvoir percer les « mystères » de la parapsychologie. Il s'agit de recherches assez particulières, et il serait vain de faire ce genre de recherche sans s'être d'abord entraîné, en sorte de réaliser soi-même les phénomènes à étudier, car dans le cas contraire, je pense que les chercheurs seraient en parti inaptes à promouvoir les recherches en cette discipline.

Jusqu'à présent le plus grand nombre de chercheurs se sont contentés, pour leurs expériences, d'étudier des sujets particulièrement doués, et ont fait beaucoup de rapports sur leurs observations. Certes, ils peuvent prouver que certains phénomènes sont réels, mais à mon avis ceci n'est pas suffisant. Il faut apprendre à cultiver toutes ces facultés dites « paranormales » que chaque individu possède dès sa naissance, c'est cela le but à atteindre.

Si nous considérons les progrès réalisés par la science depuis trois siècles, nous avons l'impression d'avoir avancé à une très grande vitesse, mais nous semblons sous-estimer les techniques de nos lointains prédécesseurs. Nous aurions tort de croire que des civilisations antédiluviennes n'aient pu, en soixante quinze mille ans, par exemple, transporter des mégalithes, parfois de plusieurs dizaines de tonnes, que pour en faire des calendriers, des repères astronomiques !

L'un des problèmes de la parapsychologie est d'établir les lois qui la régissent, des méthodes d'applications, celles permettant d'éviter les erreurs.

La parapsychologie est un vaste domaine, il s'agit là d'une discipline imbriquée entre la science et la spiritualité, ce qui fait qu'elle n'est ni l'une, ni l'autre, mais s'étend sur les deux à la fois.

Le monde subit actuellement une modification profonde, fondée sur les pouvoirs psychiques. Le développement des facultés psychiques peut, en certains cas, se faire tout naturellement, mais aussi s'enseigner et s'apprendre, au même titre que toutes les sciences. Tout le monde possède le « don », il ne s'agit pas de facultés propres à quelques individus.

Sur le plan pratique, le développement des facultés psychiques apporte des possibilités parfois très controversées, mais dont l'existence est réelle. Je ne prétends pas tout connaître, mais après toute une vie de pratique, d'études, recherches et d'observations, je suis en mesure de dire, en toute honnêteté, que chaque individu normalement constitué sur le plan psychique est doté par la nature de facultés parapsychologiques, ce que je prouve en enseignant à des groupes d'élèves de tous niveaux sociaux la façon de développer ces facultés, et qui, dans l'ensemble, obtiennent des résultats assez surprenants, le plus souvent même dès les premiers cours.

Dans mes précédents ouvrages[1], je décris les méthodes utilisées et les résultats obtenus dans mes cours, qui permettent d'accéder à la mise en pratique d'un certain nombre de possibilités, telles que : télépathie, dédoublement, clairvoyance, précognition, rétrocognition, psychopathotactie, perception et étude des auras, guérisons spirituels, magnétisme, méthode de dépistage, d'enregistrement psychique, etc.

Des lecteurs et lectrices me disent avoir quelques difficultés à réaliser mes expériences uniquement par la lecture de mes ouvrages. En réponse à cela, je certifie que les méthodes décrites dans mes ouvrages sont exactement celles utilisées dans mes cours. Il faut avoir beaucoup de patience lorsque l'on s'entraîne seul. A bien dire, la parapsychologie pratique est comparable à la musique. Si vous possédez un solfège, une méthode et un instrument de musique, vous serait-il plus facile d'apprendre seul à jouer de cet instrument, ou serait-il préférable que vous preniez des leçons avec un professeur de musique? Je vous laisse juger. A mon avis, il en est de même pour les personnes qui désirent développer leurs facultés psychiques, et je leur conseille de commercer par la psychopathotactie[2] à l'état de veille, telle que je l'enseigne. Cela consiste à traduire des informations semblables à un rêve éveillé, qui, en général, se fait par une prise de conscience au cours de laquelle le sujet, témoin des perceptions produites par des rêves, a la possibilité d'en déterminer le sens.

Comme dans le rêve éveillé, l'état psychopathotactique ne donne pas obligatoirement la sensation d'être soumis à la pesanteur mais, en opposition avec le rêve éveillé qui produit des perceptions très souvent fantasques, des

1. *Pouvoirs étranges d'un clairvoyant*, en coauteur avec Alain Sotto, Éditions Sand; *Parapsychologie pratique pour tous, Pratiquez la parapsychologie*, et *La Parapsychologie et l'invisible*. Ces trois derniers livres dont je suis l'auteur sont édités aux Éditions du Rocher.

2. Psychopathotactie : Terme qui désigne la faculté de raconter l'histoire d'un objet à partir de son toucher ou de celui d'un élément ayant été en contact avec cet objet.

visions plus ou moins symboliques, qui sont en général des transpositions d'événements vécus par le sujet, et parfois des précognitions, le contact d'objets dont on veut connaître l'histoire contribue à l'exploration du passé de ces objets, sans passer par les fantasmes du rêve éveillé.

Il peut, dans les débuts, si l'on n'y prend pas garde, se glisser au cours d'une psychopathotactie des scènes imaginaires, créées par des idées préconçues, pouvant avoir pour source des informations externes. De plus le rêve éveillé peut, dans certains cas, s'incorporer à la psychopathotactie et en déformer le résultat.

Les personnes qui se proposent d'entreprendre un entraînement en vue d'obtenir des résultats psychopathotactiques, doivent donc apprendre à différencier le rêve éveillé et la précognition du revécu de l'objet sujet de l'étude.

A) Dans le rêve éveillé le sujet est à la fois acteur, spectateur et producteur des scènes qui se manifestent durant la période du phénomène.

B) Pendant l'exploration psychopathotactique cela est différent, il semblerait que ce soit l'objet témoin (stimulus) qui prenne l'aspect actif, et contribue à la production des phénomènes sensoriels. Le rêve éveillé n'est éliminé que par un entraînement du contrôle des pensées.

La parapsychologie est avantageusement utilisée dans les études archéologiques, historiques, médicales, policières et scientifiques de tous ordres.

La tâche est assez ingrate en effet, car il s'agit de phénomènes et de discussions peu habituels pour un certain nombre de lecteurs et lectrices non avertis, ou pour ceux qui croient l'être.

Ne disposant d'aucune subvention de l'État ou d'organismes intéressés, je ne puis créer de centre de formation scientifique et de formation de professeurs, malgré les désirs de nombreux scientifiques. Je suis réduit à faire quelques cours de groupe sans le matériel expérimental qui me serait nécessaire pour aboutir à de nombreuses recherches utiles pour la science et pour la collectivité humaine, et je le regrette, pour la collectivité humaine et aussi pour moi, car le temps passe vite sur la terre, et est très limité. Je demande donc aux personnes intéressées de bien vouloir me pardonner lorsque je ne puis donner suite à leur demande.

AUTOBIOGRAPHIE

Je ne voudrais pas rabâcher mon autobiographie de jeunesse, suffisamment racontée dans *Pouvoirs étranges d'un clairvoyant*, Éditions Sand. Néanmoins je crois utile de redire certaines choses et de revenir sur des événements qui m'ont troublé en leur temps.

Deuxième d'une famille de cinq enfants, je suis né le 23 octobre 1928 à 14 h 30, sous le signe du Dragon selon l'astrologie chinoise, à Liévin, Pas-de-Calais.

Tout a commené alors que je n'avais pas encore six ans. Avec mes parents j'habitais dans une cité appartenant aux mines, « Cité hollandaise », constituée de charmants petits pavillons qui bordaient une route bitumée. Chaque maison possédait un jardin. Au bout du nôtre paraissait, en contrebas, une voie ferrée que surplombait un pont, tout de suite après le jardin de notre voisin de droite. J'adorais regarder passer les trains, dont la fumée des locomotives à vapeur venait embuer le pont, tandis que passants, cyclistes et automobilistes circulaient, apparemment indifférents à ce spectacle qui me semblait fantastique.

C'est à cette époque que se révélèrent, dans de curieuses circonstances, mes facultés dites « paranormales ».

Notre famille avait l'habitude de se réunir chaque semaine pour parler de problèmes religieux, et discuter de la Bible. Les récits de la vie de Jésus-Christ me passionnaient. Une phrase m'avait particulièrement frappé : « Je me ferai connaître aux petits enfants » ou quelque chose de semblable. Je désirais ardemment voir Jésus-Christ et, dans ma petite tête d'enfant, je fis pendant plusieurs soirs des prières pour que mon vœu fût exaucé, mais en vain. Déçu, je cessai.

Quelque temps après, alors que mes parents étaient invités chez des voisins, étant seul à la maison je m'apprêtais à dérober des sucreries dans le buffet fraîchement ciré qui embaumait la salle de séjour. Tout paraissait calme. Soudain je sentis une présence mystérieuse. Je levai la tête et à ma grande surprise je vis le visage de Jésus-Christ qui me regardait. Son corps commençait à se matérialiser. Je fus saisi de stupeur, peur ou joie, je ne savais pas.

Tandis que je restais figé sur place, le corps de Jésus continuait d'apparaître flottant entre le sol et le plafond. Il me regardait avec un sourire attendri qui exprimait l'amour. Ses moustaches et sa barbe d'un blond-roux avaient le même reflet que ses longs cheveux qui lui tombaient sur les épaules. Je fus incapable de prononcer un mot pendant un temps qui me parut très long. Alors, d'une voix douce à la fois proche et lointaine, il me dit : « Sois sans crainte, je suis venu vers toi. » Je me suis mis à balbutier : « C'est vrai... Tu existes... Tu peux repartir, je... » Je ne pus rien ajouter de plus. La sensation était ineffable. Jésus-Christ disparut progressivement, comme il était venu... Il se dématérialisa. Je restais encore quelques instants paralysé par cette apparition survenue à un moment où je me croyais seul, bien à l'abri des regards indiscrets pour accomplir mon petit larcin...

Était-ce un reproche? Je ne le crus pas. Il m'avait fait

cette surprise, pensai-je, parce que j'avais passionnément désiré le voir.

Puis je me suis mis à crier de toutes mes forces. Mes parents et les voisins accoururent aussitôt, craignant qu'il me soit arrivé un accident. Sous le coup de l'émotion je continuais à crier, pleurant et riant à la fois, tandis que mon père et ma mère, extrêmement inquiets, me pressaient de questions. Au bout de quelques minutes je pus enfin leur raconter ce qui s'était passé.

C'est à partir de ce jour où Jésus-Christ m'est apparu que mes facultés « paranormales » prirent naissance. Depuis je vois se dérouler des scènes du passé, soit spontanément, soit par un désir motivant.

J'ai ensuite cultivé cette faculté dont une partie des résultats sont publiés aux Éditions du Rocher, les autres vont suivre.

Il m'est souvent posé cette question : « Pourquoi ai-je reconnu Jésus-Christ, et pourquoi n'ai-je pas douté ? » Ma réponse a toujours été la suivante : « Celui ou celle qui a vu, même une seule fois, le regard de Jésus ne peut ni douter, ni l'oublier. Ses yeux émettent un rayonnement indescriptible, d'où émane une sensation d'amour qui envahit totalement le corps de celui ou de celle qui ont eu le bonheur de le voir. »

Il est assez fréquent, nous avons pu le constater, mon épouse et moi, qu'en dehors de ses apparitions sous forme humaine, Jésus-Christ manifeste sa présence parfois sous la forme d'une boule, comme un soleil, d'une lumière éclatante, presque irréelle, d'un blanc argenté. Dans ce cas, les sensations sont semblables à celles des apparitions sous forme humaine, même le son de sa voix.

Je sais par expérience personnelle, dont l'une est relatée dans mon livre *La Parapsychologie et le monde invisible*, Éditions du Rocher, qu'il est possible à un être humain de réaliser une telle manifestation, mais les sensations ne sont pas du tout les mêmes.

J'ai fait trois années de chimie générale au Conservatoire national des arts et métiers, et cinq années à la Maison de la chimie, pendant lesquelles je me suis spécialisé dans la fabrication des produits de synthèse organiques, des matières plastiques, des peintures et vernis. Mes études achevées je débutai dans un laboratoire de recherches sur les résines synthétiques dans une usine de fabrication de peintures et vernis. Je pris deux brevets d'inventions sur la fabrication de produits phosphorescents, que j'exploitai dans mon affaire personnelle, Le Laboratoire du gros chêne, que j'interrompis par la suite pour des raisons de famille. Puis j'ai occupé une place de chef responsable de fabrication de produits à usage hypodermiques dans un laboratoire de produits pharmaceutiques, et pour terminer, chef à la fabrication de produits de beauté et de savonnerie. J'ai été membre de la Société des amis de l'institut métapsychique international, de 1971 à 1973. Membre actif au G.E.R.P. (Groupe d'études et de recherches en parapsychologie) de 1974 à 1975. Membre d'honneur à l'Institut de paraphysique en 1975. Et membre de la fondation Ark'all et association Totaris en 1976.

J'ai toujours exercé la parapsychologie bénévolement lorsque je travaillais chez un patron, mais depuis une vingtaine d'années j'en ai fait ma véritable profession.

Depuis l'âge de cinq ans et demi jusqu'à l'âge de quarante-cinq ans, j'ai été confronté à de nombreux scientifiques afin d'écarter résolument tout simulacre de phénomène, toute hypothèse de fraude et de mystification. L'authenticité de mes capacités a été reconnue par certains instituts, qui ont élaboré pour moi des protocoles d'expériences particulièrement rigides.

J'ai participé à de nombreuses émissions de radio et de télévision, à de nombreuses conférences, presses écrites, etc.

Depuis plusieurs années je donne des cours de parapsychologie pratique afin de prouver que ce que je fais, les autres peuvent le faire.

INTERVIEW AVEC UN JOURNALISTE

M. D. K. — Comment se peut-il, par rétrocognition, en utilisant comme méthode d'exploration la psychopathotactie, qu'un sensitif perçoive les vies antérieures d'un individu, alors que le corps physique de celui-ci n'existe pas dans cet espace/temps ?

R. Réant — Les cellules du corps physique ne sont plus les mêmes environ tous les sept ans. En effet, elles se régénèrent, se renouvellent progressivement et continuellement, ce qui fait que si un sensitif expérimenté fait la rétrocognition de la vie « présente » d'un individu, depuis sa naissance jusqu'à l'âge de cinquante ans, par exemple, avec un taux de réussite dépassant de loin les probabilités, ceci explique que ce n'est pas à partir du corps physique qu'est faite l'exploration, mais sur la partie indestructible de l'individu, « l'esprit ».

Le fait que l'esprit était déjà présent avant son incorporation dans un corps physique peut servir d'explication.

Si nous nous référons à l'Ancien Testament, selon Job, il semblerait que les anciens furent instruits à ce sujet.

Job, chapitre XXXVIII, versets 4 et 21.

Verset 4 — Réponse de l'Éternel à Job.
« Où étais-tu quand je fondais la terre? etc. »
Verset 21 — « Tu le sais, car alors tu étais né - Et le nombre de tes jours est grand. »

Dans mes précédents ouvrages[1] je relate la manière de résoudre des problèmes actuels provenant de vies antérieures, mais j'ajoute que la précognition (connaissance du futur) après déprogrammation d'un passage négatif d'une vie antérieure, permet de contrôler si tout entrera dans l'ordre, ou s'il y a une rectification à opérer. De plus, cela peut servir à guérir une maladie avant que celle-ci ne s'installe objectivement.

M. D. K. — Dans vos ouvrages vous révélez votre façon de « déprogrammer » certains passages négatifs de vies antérieures, mais vous laissez vos lecteurs sur leur faim. Pourriez-vous en dire un peu plus à ce sujet?

R. Réant — Je veux bien combler cette lacune que vous estimez nécessaire.

M. D. K. — Dans votre livre, *Parapsychologie pratique pour tous*, vous donnez comme exemple, une personne qui, dans une vie antérieure, aurait péri en mer à la suite d'un naufrage. Traumatisée par cet événement, cela provoquait dans sa vie actuelle une grande émotivité et de fortes angoisses à la moindre petite agressivité physique, ou psychologique en rapport avec l'eau. Pour aider la personne qui correspond à cet exemple, il faut, par télépa-

1. *Parapsychologie pratique pour tous*, et *Pratiquez la parapsychologie*, Éditions du Rocher.

thie, ramener le sujet dans sa précédente vie, par des « télésuggestions » répétées, et lui faire entendre qu'il n'était pas dans le bateau qui a fait naufrage, qu'il ne s'agissait que d'un rêve à oublier, et l'agent télépathe devra lui-même « revivre » la scène, se sentir entièrement dégagé de toute angoisse durant l'émission du « message », les messages devant, de préférence, être envoyés durant le sommeil du sujet, afin d'obtenir un maximum de réceptivité.

R. Réant — Il s'agissait là d'un exemple dans lequel la finalité d'une vie antérieure était la mort par noyade du sujet, mais ce n'est évidemment pas toujours le cas.

Voici le résultat d'une étude faite avec une personne qui s'était confiée à moi au cours de ces dernières années durant lesquelles je terminais l'étude approfondie de cette branche de la parapsychologie, afin d'en enseigner le « mécanisme » à mes élèves.

Mme D. A. s'était proposée comme sujet d'expérience, afin de comprendre d'où lui venait une certaine phobie, dont elle ne me donna les détails qu'après que j'eus fait l'exploration de sa précédente vie. Je me suis donc mis en devoir d'explorer la précédente vie antérieure de cette personne. Les points saillants que j'ai rapportés de cette exploration ont été les suivants :

Je vois une femme blonde, d'une trentaine d'années, vêtue d'une longue robe d'un blanc grisâtre, enfermée avec d'autres femmes dans une cave faiblement éclairée par une petite lucarne garnie de quatre épais barreaux de fer hérissés de pointes métalliques. Puis deux moines vêtus de noir, dont les visages sont masqués par une cagoule, accompagnés d'un homme trapu et barbu, dont les épais sourcils noirs laissent apparaître des yeux au regard cruel faisant ressentir une forte angoisse, torse nu, uniquement vêtu d'une petite jupe de cuir noir. Les trois hommes entrent brusquement dans cette cave... L'homme vêtu d'une jupe, suivi des deux moines, saisit brutalement la femme (Mme D. A.) par un bras, et l'entraîne dans une autre cave située à l'autre bout d'un long couloir.

Lorsqu'elle est introduite dans cette seconde cave, c'est

l'horreur. Une femme est attachée sur une sorte de fauteuil, un entonnoir enfoncé dans la bouche... Mme D. A. est enchaînée à l'un des murs, tandis qu'un bourreau, à l'aide d'un seau, verse de l'eau dans l'entonnoir. La tête de la malheureuse est solidement serrée dans un carcan qui l'oblige à rester immobile. Le ventre de cette femme augmente considérablement de volume... Elle perd connaissance, alors le bourreau la détache et la pend par les pieds pour vider l'eau qui lui a été introduite, sous le regard horrifié de Mme D. A., qui est à son tour soumise à la même peine.

Contrairement à ce que l'on pourrait croire, Mme D. A. fut remise en liberté, ce qui était plus qu'exceptionnel à cette époque.

Puis elle retourna travailler dans l'auberge dans laquelle elle était employée pour servir la clientèle.

Plus tard elle fit la connaissance d'un artisan boulanger qui l'épousa. Dès lors, elle mena une vie sans histoire.

Mme D. A. ne fut pas très surprise par les informations paragnostiques que je lui révélai. Elle eut un petit sourire, et dit :

— A chaque fois que je vois un entonnoir ou que je me trouve dans une cave, je ressens une forte angoisse sans raison valable, et ce que vous me dites semble avoir un certain rapport avec ce qui me trouble. Ce qui m'a le plus marquée, ce fut un soir d'avril. J'étais chez une amie, et ce soir-là elle m'avait invitée à descendre avec elle dans sa cave pour y soutirer un vin de sa fabrication. Elle était vêtue d'une robe noire, et lorsqu'elle mit un entonnoir dans une bouteille et qu'elle y fit couler le vin, une peur panique tout à fait inexplicable s'empara de moi, et je quittai cette cave en toute hâte, à la grande surprise de mon amie qui me suivit aussitôt pour me demander ce qu'il m'arrivait.

DÉPROGRAMMATION

Lorsque Mme D. A. eut quitté mon domicile, je refis

sa vie antérieure et, lorsque je la vie proche de l'événement fâcheux, par visualisation imposée, je remplaçai ce laps de temps par une coupure dans le temps, pour raccrocher la suite de sa vie antérieure au moment où elle devint boulangère.

Cette coupure de scène dans le temps peut être comparée à celle qui se fait lors du montage d'un film de cinéma, dont la partie non désirée est coupée, et les autres recollées, selon ce que le producteur désire conserver.

Le « recollage » des passages positifs d'une vie antérieure est nécessaire, afin de ne pas laisser dans l'oubli le karma positif qui pourrait se trouver dans l'un de ces passages, car il pourrait en résulter une amnésie au détriment de certaines tendances, facultés, de moralité, ou de spiritualité etc., acquises antérieurement, qui contribuent au caractère du sujet dans sa vie présente.

M. D. K. — Parlez-moi un peu de télépathie, tout n'a certainement pas été dit dans vos précédents ouvrages ?

M. R. R. — Évidemment, ce domaine est très vaste, et les méthodes utilisées sont très variables. Comme vous le savez, la télépathie est la communication de pensée, qui ne fait pas appel aux cinq sens habituels. Ce terme a été choisi par F. Mayers en 1883.

La précision de la perception télépathique dépend des facteurs psychologiques individuels, mais peut parfois atteindre un degré d'exactitude aussi grand que celui d'une perception directe. La forme la plus courante de la perception télépathique est semblable à celle qui apparaît en rêve.

En dehors des méthodes relatées dans mes précédents ouvrages, voici la dernière mise en pratique dans mes cours.

a) Phase de captation :

L'agent (l'émetteur) regarde, ou visualise, en se la représentant dans sa grandeur naturelle, la personne, si c'est le cas, qu'il désire faire apparaître dans le champs visuel psychique du percipient (receveur). Puis, mentalement, l'agent fait venir à lui la représentation visuelle du sujet, tout en la réduisant progressivement, jusqu'à ce que cette visualisation soit réduite à environ un centimètre dans sa partie la plus haute.

b) Phase d'absorption :

Arrivé à cette dimension, le sujet doit être représenté par l'agent, comme étant situé au niveau de son troisième œil, dont l'organe physique qui l'enferme est la glande pinéale, également appelée épiphyse, petit corps en forme de pomme de pin, de la grosseur d'un poids, de teinte gris cendré situé entre les deux tubercules quadrijumeaux antérieurs, au-dessus de l'aqueduc de Sylvius, à la partie supérieure du ventricule moyen du cerveau. Sur le plan pratique l'on s'imagine situer ce lieu légèrement en arrière du milieu du crâne, au niveau situé entre les deux sourcils.

c) Phase de projection :

L'agent visualisant le sujet « absorbé », avec un effort de volonté, projette cette apparence de façon que la visualisation s'introduise au niveau du troisième œil du percipient.

d) Phase de réceptivité :

Lorsque l'agent estime avoir bien « injecté » l'apparence qu'il a visualisée, dans le centre de réception psychique (troisième œil) du sujet, alors, mentalement, avec la certitude que le percipient a bien reçu, l'agent, par visualisation, projette le sujet (cible) dans sa grandeur naturelle, hors du percipient, et visualise le percipient regardant le sujet mentalement placé devant lui.

e) Rôle du percipient :

Le rôle du percipient reste inchangé par rapport aux autres méthodes, il joue un rôle passif, doit faire abstraction de toute idée préconçue, faire le vide mental, pour le remplacer immédiatement par la visualisation du visage de son correspondant, durant quelques secondes avant l'expérience, pour mieux être en rapport télépathique avec lui. Puis en fermant les yeux de préférence, il devra attendre l'arrivée du message. Il est bien évident que les premiers résultats sont un peu décevants, ce n'est d'ailleurs pas toujours le cas.

M. D. K. — Que pensez-vous de la mise en état alpha pour vos expériences ?

M. R. R. — Voilà un sujet bien pertinent, en effet, à propos d'ondes alpha, certains de mes nouveaux élèves me demandent s'il serait avantageux pour eux, de s'entraîner à la pratique de la parapsychologie en se « mettant » en onde alpha durant les expériences, afin de favoriser la production des phénomènes psy. Mettons les choses au clair, et voyons un peu de quoi il s'agit au sujet des ondes cérébrales, dans le domaine des facultés psy.

1. Les ondes alpha :

Les ondes alpha proviennent du subconscient. Elles possèdent un voltage de 50 microvolts et une fréquence de 8 à 13 cycles par seconde. Elles prennent naissance en grande partie dans les côtés supérieurs du cerveau, vers l'arrière de la tête, qui correspond à la région où siège la mémoire. Elles se produisent lorsque le cerveau est inattentif, et que les yeux sont fermés. Elles sont annulées lorsque le sujet a des stimulations auditives, visuelles ou autres, dans les conditions où l'esprit conscient est utilisé activement. Lorsque les yeux sont ouverts elles disparaissent naturellement parce qu'il y a aussitôt stimulation visuelle. Si vous ouvrez les yeux dans le noir et que vous portez l'attention sur quoi que ce soit, les ondes alpha disparaissent, parce que vous mettez votre esprit conscient en action.

Durant le sommeil apparaissent les fuseaux de sommeil par intermittence, remplaçant les ondes alpha. Il s'agit là d'ondes de haute fréquence et de bas voltage.

2. Les ondes bêta :

Les ondes bêta ont un voltage de 5 à 10 microvolts et une fréquence de 15 à 60 cycles par seconde. Elles prennent naissance lorsque le sujet est conscient et ne sont pas interrompues par la fermeture ou l'ouverture des yeux.

3. Les ondes delta :

Les ondes delta ont une fréquence de 1 à 15 cycles par seconde et un voltage de 20 à 200 microvolts et sont émises à la cadence de 3 à 8 par seconde. Normalement, chez un adulte en bonne santé, elles sont émises durant le sommeil, cela est dû au fonctionnement des facultés psy, et aussi lorsque le sujet est éveillé et qu'il active ses facultés psy, que les yeux soient fermés ou ouverts.

4. Les ondes thêta :

Les ondes thêta ont une fréquence de 4 à 17 cycles par seconde. Elles sont, également comme les ondes delta, émises lorsque les facultés psy sont mises en action.

5. Les ondes gamma :

Les ondes gamma ont une fréquence de 14 cycles par seconde et sont émises par la mise en action d'une très puissante faculté psychique durant une action psy.

Ceci dit, la conclusion se passe de commentaire.

M. D. K. — Que pensez-vous de tous ces maîtres psychiques qui fleurissent dans tous les azimuts?

M. R. R. — Lorsque l'on s'engage dans l'étude des facultés parapsychologiques, il faut commencer par produire soi-même les phénomènes que l'on prétend connaître, avant de dire être en mesure de guider ceux qui cherchent à développer leurs facultés latentes. Le maître psychique doit avoir la maîtrise des facultés qu'il enseigne et être apte à indiquer le but à atteindre et le chemin à suivre, sans ambiguïté, à ceux qui suivent son enseignement. Les vrais guides ne font pas de publicité, ceux qui désirent sincèrement évoluer spirituellement se dirigent tout naturellement vers eux.

Le maître psychique, ou guide se reconnaît en général aux observations suivantes : il domine totalement ses instincts, n'utilise ses pouvoirs qu'à bon escient, a une vie saine, n'enseigne rien sans avoir subi préalablement des contrôles sérieux avec des scientifiques, journalistes, et autres personnes dûment qualifiées pour cela. Il ne prétend jamais être le seul à avoir la connaissance du sentier qui mêne sur les hauts sommets de la spiritualité. Sa présence est agréable, il inspire la sagesse, le respect, l'amour, la sérénité. Il donne l'impression qu'il est aussi proche de vous qu'un proche parent bien-aimé. Il ne se courrouce point lorsqu'il est agressé verbalement par un incrédule, cela le laisse indifférent, car il sait que bien souvent des gens parlent de choses qu'ils ne connaissent pas, et il n'a pas de temps à perdre avec des gens insensés. Il attache une grande importance au langage et l'enchaînement des choses. Chaque mot a son impact et il est nécessaire d'avoir conscience que le langage gouverne la vie, il joue un rôle prépondérant dans l'existence. Le langage doit être utilisé en y prêtant toute votre attention, et s'il le fait, après mûre réflexion, en analysant en toute conscience ce qu'il est susceptible de provoquer après sa formulation verbale, écrite, ou télépathique.

Dès qu'une parole est lancée, elle ne peut plus être retenue, elle se dirige directement vers son but, comme une flèche projetée par un arc atteint sa cible. C'est pourquoi il faut utiliser la parole avec adresse, avoir bien conscience de ce qu'elle peut produire, arrêter, ou déclencher.

« La haine engendre la haine. »

« La méchanceté engendre la méchanceté. »

« L'amitié engendre l'amitié... etc. »

Dans le Nouveau Testament, selon Jacques, chapitre III, verset II, il est écrit : « Nous bronchons tous de plusieurs manières. Si quelqu'un ne bronche point en paroles, c'est un homme parfait, capable de tenir tout son corps en bride. » Verset VIII : « La langue est pleine d'un venin mortel. » Verset IX : « Par elle nous maudissons les hommes faits à l'image de Dieu. » Verset X : « De la même bouche sortent la bénédiction et la malédiction. Il ne faut pas mes frères, qu'il en soit ainsi ! »

M. D. K. — Je ne voudrais pas vous mettre en retard pour vos cours, vos élèves arrivent...

M. R. R. — Eh bien, si vous le désirez, restez avec nous.

M. D. K. — Bien volontiers... Puis-je me permettre de poser quelques questions à vos élèves ?

M. R. R. — S'ils sont d'accord je n'y vois pas d'inconvénient.

Question posée par M. D. K. à mes élèves : « Quelle motivation vous a fait venir au cours de M. Réant ? »

Mme A. T. — Le paranormal m'a toujours attirée, et la lecture des ouvrages de M. Réant m'a incitée à venir à ses cours.

M. B. L. — D'abord par curiosité, ensuite motivé par certains articles parus dans les journaux et revues qui m'ont donné l'idée d'acheter et lire tous ses livres.

Mme C. L. — C'est au cours d'une discussion avec un ami médecin qui m'a parlé des travaux de M. Réant que j'ai eu cette motivation.

Mlle D. A. — C'est un ami qui suit l'enseignement de M. Réant qui m'a décidée à venir à ses cours. Ce qu'il me rapportait me charmait, et ne pus résister au désir d'étudier, moi aussi, toutes ces choses qui me semblaient si mystérieuses *a priori*.

Dr L. F. — C'est à la suite d'un interview que M. Réant a eu avec Mme Eve Ruggieri en mars 1981, sur France-Inter, que l'idée m'est venue de suivre ses cours.

M. F. J. — A vrai dire, je ne croyais pas en la parapsychologie, je voulais uniquement satisfaire ma curiosité, voir et entendre dans ce que je croyais être « l'antre d'un sorcier ». La réalité est toute différente.

Pr G. G. — Poussée par le désir de connaître les mystères du paranormal. J'avais préalablement pris un rendez-vous avec M. Réant pour m'informer sur ses cours, et lorsque je suis venue chez lui, cette première fois, je pensais rencontrer un homme austère, vêtu d'une longue robe noire, entouré d'objets hétéroclites, hibou, perroquet, tête de mort, boule de cristal, des signes cabalistiques, et c'est avec une certaine angoisse mêlée de curiosité que je sonnai à sa porte. Dans quel guêpier allais-je tomber? pensais-je. Lorsque je le vis je fus de suite rassurée et très étonnée, en entrant chez lui, de trouver un décor très sympatique, qui ne ressemblait en rien à ce que j'avais imaginé. Je me sentis profondément émue, mais il eut vite fait de me mettre à l'aise, et depuis tout cela me semble naturel.

Dr H. R. — C'est très simple, c'est dans un but d'études et de recherches. Ayant lu les ouvrages de M. Réant, la simplicité et la sincérité de ses récits m'ont fait penser qu'il y avait très certainement dans ses cours certains fruits à cueillir.

Mme J. G. — C'est à la suite d'une émission de télévision durant laquelle M. Réant avait été interviewé que j'ai pensé que ses cours pouvaient m'aider dans mon évolution spirituelle.

Mlle V. G. — J'ai honte de le dire, mais je désirais devenir une sorcière, mais les cours de M. Réant ont éveillé en moi un sentiment tout à fait différent. Je me suis vite rendu compte que la parapsychologie telle que M. Réant l'enseigne est tout autre chose, et a radicalement transformé ma façon de discerner les choses. Mon comportement aussi. Depuis j'ai pleinement conscience d'être ce que je suis, et de pouvoir être ce que je veux!

Mme D. B. (journaliste) — Ma démarche était uniquement

liée à l'intérêt que je pourrais en tirer pour écrire quelques articles, puis, surprise par les résultats obtenus durant les expériences, je me suis mise à participer sérieusement aux cours, que j'estime très passionnants.

Mme P. E. — J'ai cinquante ans, je suis veuve, ma vie devenait sans intérêt, je n'avais ni parent ni ami, personne avec qui parler. La motivation qui, au début, m'avait poussée à suivre les cours était principalement la possibilité de pouvoir rencontrer des gens avec qui parler et rompre ma solitude. Depuis je me suis fait des amis et ai découvert qu'il existe encore des êtres humains emplis de sagesse dans ce monde où nous vivons, grouillant d'individus insensés.

M. P. M. — J'ai toujours exprimé le désir d'apprendre les sciences secrètes, j'ai beaucoup lu, étudié, suivi l'enseignement de certains « maîtres », je suis allé en Inde, croyant découvrir des choses merveilleuses, il n'en fut rien. Ai-je frappé à de mauvaises portes?... En passant devant la vitrine d'une librairie, mon regard se porta sur l'un des livres de M. Réant, intitulé *Parapsychologie pratique pour tous*. Je l'ai acheté... Encore une connerie... Beuh!... Mais par curiosité je le lus et me suis posé quelques questions... Tout cela n'est que littérature, ceux qui « savent » ne dévoilent pas leurs « secrets »... Mais les témoignages qui semblaient sincères que je trouvai dans cet ouvrage m'ont poussé à en savoir plus, et je me suis inscrit aux cours de M. Réant.

Après le cours, reprise de l'interview

M. D. K. — Il semblerait que vous puissiez retracer l'histoire des anciennes civilisations, avec beaucoup de détails?

M. R. R. — J'ai pu entrevoir des voies au-delà de l'atome, vers le monde sub-atomique, où devraient résider d'énormes possibilités de résolution de nos grands problèmes d'existence et de compréhension. C'est toute la vision des champs de forces qu'il nous faut maintenant maîtriser, si l'on veut espérer découvrir une des plus grandes clefs de la compréhension de l'univers.

Les possibilités mises à notre disposition sont considérables, et l'extraction paragnostique de certaines informations qui consistent à utiliser une méthode d'approche intuitive, et non rationnelle, parallèlement à la méthode « objective », est l'une des clefs majeures de ces possibilités, dont vous pouvez vous informer sur mes méthodes, parues dans mes précédents ouvrages.

La parapsychologie, telle que je la conçois, permet d'ouvrir des portes permettant d'orienter certaines recherches.

Actuellement (nous sommes le 13 juillet 1987), il est question de la découverte de matériaux supraconducteurs qui, dans un proche avenir, permettraient à des trains de se déplacer sans roues, au-dessus d'une voie sans rails, des champs magnétiques très puissants faisant flotter l'engin au-dessus de la voie. Cela est merveilleux...

Pour revenir sur ce qui concerne la parapsychologie, dans un ouvrage intitulé *Pouvoirs étranges d'un clairvoyant* (Éditions Tchou, paru en 1977, réédité aux Éditions Sand-Tchou en 1983, et toujours en vente), je citais, pages 206 et 210 :

« Le 13 octobre 1974, mon expérimentateur, dont je conserve les documents, me remit, sans m'en donner l'origine, une pierre plate ovoïde, pour en effectuer une étude extrasensorielle. Au cours des observations faites sur cette pierre plate, je citais dans ce livre l'extrait suivant :

Après avoir subi certaines radiations, empilés dans une grande salle, ces disques sont coupés à l'aide d'un rayon... Ils servent à garnir le fond des appareils volants... Les pièces défectueuses et les déchets sont utilisés pour les pistes de Nazca, où ils jouent un rôle très important pour la navigation au sol, etc.

Cette pierre ovoïde et plate, semblable à une tranche de gros pain grillé, taillée avec régularité, avait été ramassée au Pérou, sur le plateau de Nazca.

Après analyse au laboratoire de pétrologie de l'université Pierre-et-Marie-Curie, on constata qu'il s'agissait d'une pierre volcanique, mais on ne put expliquer la coupe précise de ses côtés. »

Dans un second ouvrage, intitulé *Parapsychologie pratique pour tous* et édité aux Éditions du Rocher en 1982, et toujours en vente, je citais ceci :

« L'appareil s'immobilise, puis descend verticalement pour se poser sur le sol... Il se lève ensuite à environ 50 centimètres du sol et glisse à faible vitesse vers l'une des collines. »

Dans un ouvrage inédit, ayant été refusé, cela fait une quinzaine d'années, par plusieurs éditeurs parce qu'il ne pouvait pas entrer ni dans les collections d'études, ni dans les collections de science-fiction, ce qui fut regrettable, je précisais même que la circulation au sol était pratiquement inexistante, des voies magnétiques recevaient des véhicules sans roues, directement autour des constructions d'habitations ou autres, ou les guidaient sous terre, dans les deux cas, en les faisant glisser à 25 ou 50 centimètres au-dessus du sol.

Ceci n'est qu'un très petit exemple de perception sur les connaissances technologiques d'un lointain passé. Le jour où mes revenus me rendront possible d'équiper un petit laboratoire, je pourrai alors envisager une étude objective sur les techniques anciennes.

M. D. K. — Pensez-vous écrire d'autres ouvrages ?

M. R. R. — Pour pouvoir faire éditer tout ce que j'aimerais écrire, il me faudrait beaucoup de temps libre, je dois donc limiter le volume de mes ouvrages en attendant le jour où il me sera permis d'écrire la totalité de mes recherches et observations sur ce qui me passionne le plus.

Depuis quelques années j'ai pu constater que de nombreuses personnes rationalistes qui réfutaient les études psychiques décrites dans mes livres s'adonnent à présent bien volontiers à la culture des possibilités psychiques et enrichissent leurs connaissances, prenant tout à coup conscience que l'analyse logique, selon les connaissances dites scientifiques contemporaines, perd souvent toute raison d'être dans la production des phénomènes psychiques, je m'en réjouis pour l'humanité tout entière, car une nouvelle civilisation est en train de naître.

M. D. K. — Comment voyez-vous l'avenir de notre civilisation ?

M. R. R. — Dans les siècles qui vont suivre, une modification profonde des couches de l'atmosphère terrestre se produira progressivement, et une très grande quantité de rayons cosmiques, ultraviolets et autres, bombarderont sans cesse toute la surface de la terre. Progressivement aussi, les hommes, animaux et plantes subiront les effets destructeurs de ces rayons. Des maladies encore inconnues apparaîtront. La vie deviendra de plus en plus souterraine. Les êtres humains devront nécessairement porter des vêtements spéciaux pour se protéger des rayons nocifs venant du soleil. Une grande sécheresse s'étendra sur toute la terre durant les périodes d'été. Les saisons deviendront, contrairement à ce que l'on pourrait croire peut-être, de plus en plus chaudes en ces temps-là, et les calottes glacières des pôles de la terre fondront lentement, faisant par conséquence monter le niveau des mers et des océans, etc.

L'un des projets qui me hante le plus, c'est l'étude des mégalithes, et en particulier ceux qui se trouvent en France. J'aimerais avoir les fonds nécessaires pour réaliser certaines expériences scientifiques, pour tenter de mettre en évidence la véritable raison pour laquelle ils ont été conçus. Je pense qu'il faut s'attendre à de très grandes surprises dans ce type de recherche, mais, hélas ! cela demande des moyens financiers que je ne possède pas.

M. D. K. — Vous pensez que si vous aviez les moyens financiers nécessaires à vos recherches, vous pourriez aboutir à des révélations extraordinaires sur le plan scientifique ?

M. R. R. — Je ne puis rien certifier, personne n'est infaillible, mais je crois pouvoir, pour le moins, contribuer au décryptage de certains mystères qui planent sur ces monuments du lointain passé, les méthodes utilisées pour leur érection, leurs origines, qu'elles furent leur réelle utilité, etc.

Certains historiens disent que les mégalithes ont été créés durant la préhistoire, qu'il s'agit de monuments funéraires, religieux ou astronomiques, qui dateraient d'environ 4000 ans avant J.-C.

Qu'ils aient servis uniquement à des buts astronomiques, j'y crois peu, des repaires bien moins volumineux auraient suffit, mais qu'ils aient été édifiés dans des conditions d'orientations astronomiques favorables, pour capter ou produire une certaine forme d'énergie, alors là, je le crois.

J'imagine très mal les hommes de cette époque, tel que l'on nous la présente, avoir une technique et des connaissances suffisantes pour placer et orienter de telles masses de pierre. A mon avis il en est tout autrement.

Je crois rêver en constatant une telle indifférence scientifique envers ces vestiges d'une prodigieuse civilisation du passé. Les hommes se seraient-ils donné tant d'efforts pour l'utilisation que l'on dit de ces mégalithes?... Je ne le crois pas. Imaginez ce que fut le transport des énormes pierres, dont une demi-douzaine atteignent 40 à 50 tonnes, qui entrent dans la construction du gigantesque dolmen qu'est la Roche aux fées d'Essé (Ille-et-Vilaine). Selon le texte de P.-R. Giot[1], « des cas incontestables de transport peuvent être géologiquement démontrés. Le plus célèbre et le plus important est, sans doute, celui de la Roche aux fées. Le sous-sol est en schistes précambriens très altérés et sans résistance. Cet édifice a été bâti en schistes pourprés cambriens, dont le plus proche affleurement se trouve à 4,200 kilomètres, et probablement ces roches furent prélevées encore plus loin ».

1. P.-R. Giot, *Menhirs et dolmens, monuments mégalithiques de Bretagne*. Directeur de recherche titulaire au C.N.R.S., ancien directeur des Antiquités préhistoriques de Bretagne (1947-1972). Édition d'art Jos Le Doaré, Châteaulin (Finistère).

Et le grands menhir brisé d'Er-Grah à Locmariaquer, près de la Table des marchands, dont la hauteur totale est de 23 mètres et le poids de 347 tonnes... Pouvez-vous croire un seul instant qu'il fut transporté là et dressé uniquement, à son origine, pour servir de monument funéraire?... Nous ne devons pas sous-estimer certaines anciennes civilisations.

Que penser des vestiges de Tiahuanaco, ville bâtie à 4000 mètres d'altitude, dont les blocs de grès de 100 tonnes surmontés de cubes de 60 tonnes superposés et alignés avec beaucoup de précision, forment de grands quadrilatères retenus les uns aux autres par des pinces de cuivre. Il s'y trouve des blocs de 10 tonnes creusés de trous de 2,50 mètres de profondeur, dont personne ne peut donner d'explication de leur utilité[1].

J'ai déjà fait énormément de recherches dans le passé, dont quelques extraits sont cités dans mes précédents ouvrages, je n'y reviendrai donc pas (voir *Pouvoirs étranges d'un clairvoyant*, Édition Sand-Tchou).

M. D. K. — Parlez-moi un peu de cette histoire de pyramide et de boîte à chaussures dont j'ai eu écho...

M. R. R. — A la suite d'une discussion sur les pyramides, un ami, le professeur V. L., qui s'intéresse à la physique microvibratoire, me dit qu'il pouvait dessécher un morceau de viande s'il plaçait celui-ci à l'intérieur, et au tiers de la hauteur, d'une petite pyramide de 50 centimètres de hauteur, qu'il avait confectionnée avec des plaques en matières plastiques. Je le crus volontiers, mais une chose m'intriguait. Les formes sont susceptibles de produire certaines manifestations, certes, mais le pouvoir de la pensée aussi. Alors je me suis posé cette question : « Est-ce que vraiment une petite pyramide en plastique suffit pour dessécher un morceau de viande dans un milieu ambiant ordinaire?... Ou alors, est-ce parce que cet ami pense avec conviction que sa pyra-

1. *Présence des extraterrestres*, par Erich Von Däniken, Éditions Robert Laffont, 1969.

mide est douée d'un pouvoir desséchant que cela réussit ? »

Alors je fis l'expérience suivante : j'ai acheté un bifteck que j'ai coupé en deux et, dans une telle pyramide, au tiers de sa hauteur j'ai placé l'un des morceaux de viande, l'autre dans une boîte à chaussures en carton de 20 centimètres de large sur 16 centimètres de long et 13 centimètres de haut. J'ai ensuite pensé que la viande placée dans la pyramide allait se putréfier, et que celle placée dans la boîte à chaussures se dessécherait, ceci avec la certitude qu'il n'en serait pas autrement, parce que je voulais qu'il en soit ainsi.

Une semaine plus tard, la viande qui se trouvait dans la pyramide était en putréfaction, tandis que celle qui se trouvait dans la boîte à chaussures ne dégageait pas d'odeur désagréable, et commençait à se dessécher.

J'ai renouvelé cette opération deux fois de suite et observé les mêmes résultats. Mes élèves ont fait la même expérience et ont obtenu les mêmes résultats. Il y a là une ambiguïté. A mon avis il est certain que la pensée a fait son œuvre, mais cela ne veut pas dire que la pyramide ne produit aucun effet, lorsque l'on s'attend, de sa part, à une action desséchante, voire même sans formuler un « vœu ». Dans ce dernier cas, afin de vérifier cette possibilité, il faudrait, à mon avis, qu'une personne non avertie fabrique une telle pyramide et y introduise un morceau de viande, sans idée préconçue, et comparer avec un autre morceau de cette viande mise hors de la pyramide. Cela me paraît assez difficile à réaliser, car même uniquement l'idée que se ferait la personne qui organiserait cette expérience, sans le vouloir, serait susceptible d'émettre une pensée plus ou moins active, pouvant donner naissance à une orientation positive ou négative d'un champ vibratoire.

Ceci dit, je ne sous-estime pas la physique microvibratoire, bien au contraire, j'ai conscience que les couleurs, la constitution physico-chimiques et les formes jouent un rôle prépondérant dans certaines formes de phénomènes. Il faut aussi noter que l'étude d'émissions de forme sur les petites pyramides fait suite aux observations de certains chercheurs en étudiant les monuments pyramidaux, tels qu'ils nous parviennent, en tenant compte qu'une dégradation extérieure ait pu modifier en grande partie les émissions de forme existantes à leur origine ; absence de couleur, par exemple, qui émettaient des « vibrations plus ou moins utiles ». De plus, rien ne prouve que dans ou sur ces pyramides, ne manquent quelques éléments, comme c'est le cas pour les monuments mégalithiques.

M. D. K. — Que pensez-vous de la Mana ?

M. R. R. — La Mana est le nom donné autrefois à une forme d'énergie humaine susceptible de soulever des objets très lourds, sans moyens mécaniques, dépendant uniquement du pouvoir psychique. Vous soulevez là une question très délicate, mais, pour répondre à votre question, je dois avouer que je crois en l'existence d'une telle possibilité, bien qu'elle n'ait pu encore être prouvée avec certitude jusqu'à ce jour. Des études sont menées actuellement en ce sens, et la réalité de cette possibilité sera démontrée dans les années qui vont suivre.

Je ne pense pas du tout comme certains chercheurs qui rejettent totalement, et sans explications valables, l'effet de la Mana, parce que des expériences ont permis, à l'aide de leviers et de la force musculaire humaine, de donner une explication rationnelle sur l'implantation des mégalithes. Cette façon de voir les choses est assez ambiguë. Il en est de même pour les tours de passe-passe des prestidigitateurs qui, avec des instruments plein leurs poches, arrivent à reproduire certaines expériences faites par des parapsychologues praticiens, qui eux réalisent leurs expériences le plus souvent sous un contrôle rigoureux, pour vérifier qu'il n'y ait pas supercherie.

Croyez-moi tout cela ridiculise la parapsychologie, retarde et freine l'évolution d'une science qui sera à la pointe de la connaissance dans un futur qui me paraît très proche.

M. D. K. — De quelle façon dirigez-vous cette sorte de recherche ?

M. R. R. — L'étude actuelle est focalisée sur la reproduction du phénomène, à partir de différentes sources puisées par psychopathotactie.

M. D. K. — Pouvez-vous donner quelques exemples de vos observations du passé, obtenus par psychopathotactie ?

M. R. R. — Au mois d'octobre 1974, l'un des chercheurs américains des plus éminents en parapsychologie, qui appartenait à l'université de Virginie, me demanda d'identifier les personnes en rapport avec quelques mots tracés sur du papier, ce que je fis. Ces quelques mots écrits en anglais me fournirent des indications sur l'époque exacte que l'on me demandait. Je décrivis les deux personnages ayant correspondu ensemble, les vêtements qu'ils portaient, leurs âges, et les suivis sur une période d'un an et demi à deux ans. Je fis ressortir les faits les plus saillants relatifs aux deux personnages, cinquante-deux ans après que ces lignes furent tracées[1]. Ce fut le début de toute une étude sur le passé des civilisations oubliées.

M. D. K. — Que pensez-vous des personnes qui parlent en « langue », selon le terme religieux.

M. R. R. — Je pense qu'il s'agit là de xénoclosie.

M. D. K. — C'est-à-dire ?

M. R. R. — Xénoclosie est le terme donné par le professeur Charles Richet dans son remarquable ouvrage *Traité de métapsychique* (deuxième édition refondue, librairie Félix Alcan) pour la faculté de s'exprimer en une langue inconnue du sujet, une langue qu'il n'a pas apprise. Il ne s'agit pas là de langages imaginaires créés par les sensitifs, mais d'une vraie langue existante. Les cas de xénoclosie paraissent assez fréquents en télépathie.

---

1. Expérience relatée dans l'ouvrage intitulé *Pouvoirs étranges d'un clairvoyant*, Édition Sand-Tchou, pp. 202-203.

Dans le livre intitulé *Pouvoirs étranges d'un clairvoyant*, je cite :

« Cet homme parlait allemand, or aucun des sujets, dont moi-même, ne connaissait cette langue. D'une pièce voisine à la nôtre il envoya deux phrases en allemand, et nous les reçumes en français. » Il est évident que là, ce n'est pas le son qui fut transmis, mais une idée, un acte. Cette expérience fut faite à l'Institut métapsychique de Paris. Puis, dans mon second ouvrage *(Parapsychologie pratique pour tous)*, le 28 octobre 1975, lors d'une expérience avec le professeur E., accompagné d'un clairvoyant canadien de passage à Paris, revenant d'un voyage d'études au Proche-Orient, le clairvoyant canadien engagea une courte discussion à laquelle je répondis en français. Le professeur V. qui les accompagnait et qui faisait l'interprète me fit cette remarque : « Vous avez compris ce qu'il a dit? — Pourquoi? lui répondis-je, il ne parlait pas le français? — Non, répliqua le professeur V. » Nous avions, le clairvoyant canadien et moi, entretenu une petite conversation, chacun dans notre langue natale, sans nous en être aperçus, bien qu'il ne parlât pas le français, ni moi anglais. Ce qui confirme une fois de plus, l'expérience faite en télépathie avec le jeune ingénieur suisse.

D'autres exemples de ce type ont été réalisés durant des exercices faits avec mes élèves. Ce qui porte à penser que si tous les hommes étaient télépathes, le problème des langues étrangères n'existerait plus.

M. D. K. — Que pensez-vous de l'action psychique de groupe?

M. R. R. — Dans l'action psychique de groupe, chaque participant doit être absolument certain de ne pas faire de négation, avant, pendant, et après l'action. Par comparaison, cela se passe comme si chaque participant mettait une poignée de poudre à canon dans un baril, ceci étant l'action. Si un seul des participants provoquait une seule étincelle dans le baril, tout serait détruit et à recommencer. Dans le cas d'une action psychique de groupe il en est de même.

Dans la définition de l'action parapsychologique, tous les mots ont un sens bien précis :

« Négation, nf. du latin *negare*, nier, action de nier. » Ce serait une erreur de croire que ce soit tout simple de ne pas faire de négation au cours d'une action parapsychologique. Nombreuses sont les personnes qui pensent qu'il suffit de vouloir consciemment qu'une chose se réalise. Cependant, plus le désir à réaliser semble impossible, plus fort est le conflit entre la volonté consciente « qui ordonne » et l'inconscient qui doit exécuter des ordres ou libérer des énergies.

Dans certains cas, l'inconscient, « qui a sa propre conscience », suggestionne la volonté consciente, en lui faisant ressortir que l'action désirée est impossible à réaliser. Le sujet se sent alors envahi par le doute, contre lequel il doit lutter. L'incertitude engendrant le scepticisme, la crainte de l'échec devient alors un adversaire redoutable qu'il faut nécessairement maîtriser.

L'homme à lui seul constitue un grand royaume qu'il doit savoir gouverner, maîtriser, dominer. Il possède en lui une multitude d'intelligences, le plus souvent insoupçonnées. Il faut prendre conscience que chaque organe, chaque cellule, chaque atome de votre corps a une intelligence, et une vie qui lui est propre.

Il y a une hiérarchie dans tout cela, et une organisation très précise. Il y a la partie lourde, visuelle, du corps, et la partie subtile qui sont tributaires l'une de l'autre, chez l'être incarné.

LE RAYON JAUNE

Les faits que je relate ici se passèrent à Cassagne, (environs de Cahors) en septembre 1940, j'avais alors douze ans.

Alors que je revenais d'une promenade en montagne, sur le chemin ensoleillé, caillouteux et désertique, enchâssé dans la roche couverte de fougères et de quelques arbres par-ci, par-là, que je suivais, je rencontrai, venant en direction inverse, une vieille femme vêtue d'une longue robe noire qui semblait balayer le sol. Ses longs cheveux blancs mêlés de gris étaient couverts d'un épais foulard noir. Son visage blafard aux pommettes saillantes et ses rides profondes lui donnaient un aspect cadavérique. Ses yeux noirs et perçants me regardaient bizarrement. De ses prunelles agrandies passait comme une lueur menaçante. Elle se plaça face à moi et me dévisagea sans rien dire, posant sa main droite sur mon bras gauche, j'avais très peur...

Que voulait-elle?...

— Qui êtes-vous? lui demandai-je.

D'une voix éraillée et tremblotante, elle me répondit.

— Je suis couturière et cherche du travail... Connais-tu des gens au village pour qui je pourrais travailler?...

— Non, lui répondis-je, en reculant d'un pas. Puis je partis en courant, laissant cette vieille femme derrière moi. Une cinquantaine de mètres plus loin je m'arrêtai et me retournai, pour voir si cette femme continuait son chemin. Je l'aperçus tournée vers moi, le regard figé, reposant son dos arrondi en s'appuyant sur un bâton qui lui servait de canne. Je me remis à courir.

Aussitôt arrivé chez mes parents je racontai à ma mère cette mystérieuse rencontre. Elle me rassura en me disant qu'il s'agissait d'une vieille femme considérée un peu comme étant la folle du village voisin.

Ma mère me fit remarquer que sur la manche de ma chemise, où la vieille femme m'avait touché, apparaissait une grande auréole jaunâtre, puis nous parlâmes d'autre chose et oubliâmes cette rencontre.

Afin de me distraire j'aimais participer aux travaux des champs, et était pris en amitié par les cultivateurs des environs. Quelques jours après cette curieuse rencontre, un après-midi, ayant emmené avec moi une paire de bœufs, je descendis dans une petite vallée enchâssée entre deux forêts, pour labourer une petite pièce de terre, dans le but d'aider une jeune femme veuve qui avait bien des difficultés à faire face aux travaux de sa ferme. J'attelai les bœufs à la charrue qui se trouvait sur place, et me mis au travail.

J'eus à peine terminé que le ciel s'obscurcit. Le grondement du tonnerre produisit un écho très impressionnant. Des éclairs marbrèrent le ciel, je libérai en toute hâte les bœufs de la charrue et, avec eux m'enfonçai dans la forêt en direction de la ferme qui se trouvait à environ 1 000 mètres de là, lorsque soudain, ho! quelle horreur, au détour d'un sentier tortueux, je vis la vieille femme vêtue de noir qui fuyait devant moi, en remuant ses bras comme un corbeau battant des ailes, et elle disparut presque aussitôt dans l'épaisse forêt. Cette personne commençait à m'effrayer, comme un épouvantail vis-à-vis des oiseaux. La pluie se mit à tomber très abondamment... Les sabots des bœufs qui s'enfonçaient et ressortaient alternativement dans la boue du sentier produisaient des flouc-flouc très caractéristiques. J'avais retiré mes sabots de bois qui adhéraient à la boue, et semblaient vouloir me quitter. Je marchais alors nu-pieds sur le sentier boueux et glissant. Les bœufs connaissaient le chemin et marchaient devant moi, dérapant de temps en temps sur le versant boisé de la montagne.

Arrivés à la ferme les bœufs entrèrent directement dans l'étable, sans que j'eusse besoin de les y conduire. Je repartis directement rejoindre mes parents à quelques kilomètres de là, quittant la fermière qui me faisait un signe pour entrer chez elle.

Lorsque mes vêtements furent secs, des taches jaunâtres apparurent à nouveau, là où la vieille femme m'avait touché le bras. Je confiai alors mes inquiétudes à ma grand-mère, et ne revis plus ni la vieille femme, ni de tache jaunâtre. Ma grand-mère avait fait ce qu'il fallait pour cela.

Ceci se passa également en septembre 1940

La nuit était presque tombée et l'obscurité commençait à envelopper la montagne. Je quittais un petit camarade avec qui je jouais dans les ruines d'un vieux château, dont je ne sais s'il en reste encore trace aujourd'hui. Il était situé à la sortie de Cassagne, sur la route qui relie la ville de Fumel à Frayssinet-le-Gélat-Cazals, sur, probablement, ce qui correspond à la N 673 actuelle. Nous repartîmes chacun dans une direction différente, lui chez ses parents adoptifs, et moi j'allais rejoindre mes parents chez des amis cultivateurs qui nous avaient invités pour le repas du soir.

Lorsque j'arrivai, une lampe à acétylène éclairait la salle de séjour. Mon père était assis et discutait gaiement avec nos amis... Un quart d'heure s'était à peine écoulé lorsque mon petit camarade avec qui j'avais joué dans les ruines du vieux château entra précipitamment. Son visage était blême, il ne put articuler aucun mot, puis il tomba sur le sol, en proie à une crise convulsive. Nos amis le transportèrent sur un lit dans une pièce voisine toute simple... Un vase contenant des fleurs des champs était placé sur une petite table basse, une gravure représentant une scène champêtre ornait l'un des murs.

Nous regardâmes cet enfant avec surprise. Il reprit conscience et resta muet, ses yeux semblèrent suivre quelque chose d'invisible, il se mit à pousser des cris d'effroi, et d'une voix étouffée, pointant l'index vers l'un des coins de la pièce, il dit :

— Elle est là !!! Elle est là !...

Je vis sur sa chemise blanche, au niveau de son épaule droite, une tache jaunâtre d'environ 5 centimètres de diamètre. J'allai aussitôt quérir ma grand-mère qui fit disparaître la « malveillance ». Après cette « attaque » qui avait duré une vingtaine de minutes, le jeune homme raconta qu'il avait rencontré la vieille femme vêtue de noir...

Ce fut mes premières observations sur les apparitions de taches jaunes. Depuis, durant ma carrière de chercheur, j'en ai vu de très nombreuses fois qui apparurent sur les vêtements de personnes visées par la « malveillance d'origine psychique ». Ces taches sur les tissus blancs sont de la couleur du soufre. Sur les tissus colorés, la teinte jaune se trouve modifiée par la superposition des couleurs.

Selon mes recherches et observations, il s'agirait d'une sorte de rayon émi par les pensées négatives d'un être malveillant, venant se matérialiser sur les personnes visées.

L'extraction de ce « colorant » soumis à l'analyse chimique n'a jusqu'à présent donné aucun résultat.

Il est fréquent, en observant une personne victime d'une malveillance d'origine psychique, de voir, par clairvoyance, un fin rayon jaune, parfois entrecoupé, venir se fondre sur le corps physique de la victime.

Le rayon jaune ne frappe pas uniquement les personnes visées, mais aussi ce qui les entoure.

Confidences de M. L. C.

Cher monsieur Réant, certains faits me laissent perplexe, peut-être pourriez-vous m'éclairer et me dire ce qu'il y a lieu de faire. J'ai confiance en vous, car je sais que vous êtes honnête. Ma femme et moi demeurions dans le sud de la France, et dès que nous sommes venus habiter dans la maison que nous avons achetée dans la région parisienne, l'état de santé de ma femme a décliné petit à petit, s'est aggravé, puis elle est morte d'une crise cardiaque. Quelques jours plus tard mon petit chat meurt dans mes bras, ses yeux étaient injectés de sang. Mon perroquet est mort quinze jours après. A présent je crains que ce soit mon tour car je suis très fatigué, mal dans ma peau, et suis médicalement bien portant.

Je me souviens avoir eu, environ quatre mois avant ces événements, une altercation avec un vieillard que j'avais surpris dans ma propriété, en train de cueillir les fruits de mon pommier. Cet homme m'a dit qu'il me jetterait un sort. Plusieurs nuits de suite j'ai rêvé que cet homme me regardait fixement dans les yeux. Puis, étant sorti pour faire des achats, à l'entrée d'un supermarché, une femme au visage patibulaire me tendit une main en me demandant :

— Donne-moi 100 francs !... J'ai faim !...

— Allez demander un secours à la mairie, lui répondis-je.

— Je vais vous lancer une malédiction, espèce d'abruti ! me dit-elle d'une voix qui exprimait la colère, en me regardant avec mépris.

Le médecin ne me trouve rien, mais ce qui m'inquiète, c'est l'apparition anormale de taches jaunâtres sur mes vêtements, etc.

Confidences de Mme W. B.

Depuis deux mois je suis dépressive, angoissée, stressée, sans cause, les médicaments que me donne mon médecin ne font rien, et je vais de plus en plus mal. Depuis environ une semaine il se passe des choses anormales, j'entends des bruits ressemblant à des tic-tac d'horloge dans les murs de ma salle de séjour. Un tableau s'est décroché de l'un des murs de ma chambre à coucher, et il est resté droit, en équilibre sur le sol. Le crochet que j'avais mis dans le mur, non seulement a disparu, mais ne laisse apparaître aucune trace de trou... c'est à partir de ce moment-là que j'ai commencé à avoir peur, à me poser des questions auxquelles je ne trouvais pas de réponse pouvant justifier ces manifestations.

Hier après-midi, il était 15 heures environ, j'ai vu apparaître et s'accrocher au plafond un énorme crabe noir, qui se mouvait lentement. Je me suis sentie glacée et suis restée figée par la peur. Je n'ai osé en parler à mon entourage, pour ne pas être considérée comme folle.

Des sortes de taches jaune pâle sont apparues sur mon linge de corps. Une chaîne en argent que je porte autour de mon cou a formé trois nœuds. Pour réaliser cela, il aurait fallu que cette chaîne soit ouverte, or elle était fermée autour de mon cou.

Je suis prise de panique, ne me laissez pas sous cette emprise démoniaque... Aidez-moi!... Aidez-moi!

Comme dans le cas précédent, il s'agissait d'un empoisonnement psychique. (Voir *La Parapsychologie et l'invisible*, Éditions du Rocher.)

MISE EN GARDE

Pour conserver un bon équilibre psychique, nécessaire à la pratique de la parapsychologie, il est bon d'éviter au maximum toutes contraintes, colères, tout ce qui pourrait porter atteinte à votre équilibre psychique. Vous devez rester maître de vos impulsions et faire tout ce qui est possible pour conserver un esprit serein.

1 — Prenez garde aux habitudes qui deviennent par la suite des obligations, des dus.
J'ai connu une personne qui, pour rendre service à un ami, lui prêtait de temps en temps sa voiture automobile dont il se servait peu. Lorsqu'il en eut besoin couramment, et ne put plus la prêter, l'ami se sentit frustré et la sympathie qui régnait entre eux fut rompue. Ceci n'est qu'un très petit exemple.

2 — Ne vous familiarisez pas trop vite avec les gens de votre entourage, vous pourriez le regretter par la suite.

3 — Soyez sur vos gardes lorsque vous vous confiez à quelqu'un. Méditez sur la citation de Friedrich Nietzsche *(Humain trop humain)* : « On oublie sa faute quand on l'a confessée à un autre, mais d'ordinaire, l'autre ne l'oublie pas. »

4 — Ne jugez pas au travers de ce que disent les gens. De fausses paroles se disent des uns aux autres. Écoutez, analysez et vérifiez vous-même.

5 — Faites bien attention à votre langage dont certains mots seraient susceptibles de blesser votre interlocuteur, ou interlocutrice. Souvenez-vous que les blessures laissent des cicatrices.

6 — Ne vous précipitez pas dans vos discussions. Hérodote disait ceci : « La hâte engendre en tout l'erreur. »

7 — Sachez que la haine engendre la haine, et lorsqu'elle est à maturité, il faut en subir les conséquences.

8 — Dans une discussion, sachez vous modérer afin de ne pas donner naissance à la colère. Si celle-ci se prépare, partez au plus vite, à moins qu'il vous soit possible de changer de conversation.

9 — N'attirez pas l'attention affective d'une personne sans être sûr de ne pas troubler inutilement son âme.

10 — Ne vous laissez pas séduire par qui que ce soit, afin de ne pas vous perdre.

11 — Délivrez-vous des liens des passions stériles. Écoutez, regardez, soyez attentif à toutes paroles et actions, prenez le temps de juger.

12 — Ne confiez vos peines à personne; certains s'en réjouissent, et il en résulte des émissions négatives qui se dirigent sur vous. C'est le cas, par exemple, pour une personne gravement malade. « Elle est perdue ! » dit une personne. Que ce soit dit avec sincérité, ou pis encore, si ça ne l'est pas, cette façon de penser est destructrice.

13 — Ne donnez pas de fausses espérances à ceux qui demandent votre aide.

14 — Évitez toutes formes de calomnie.

15 — Que ce qui sort de votre bouche soit le reflet exact de votre pensée, ou alors ne dites rien.

16 — Ne perdez pas votre temps avec des insensés. Jonathan Swift disait : « Comment peut-on espérer que les hommes acceptent des avis, quand ils n'acceptent même pas des avertissements. »

17 — Ne jugez pas sévèrement les gens de votre entourage, vous feriez le vide autour de vous, et seriez seul comme un pèlerin dans le désert, mais rendez vos sens attentifs à ce qui se passe autour de vous.

18 — Évitez les personnes perverses, celles qui ne parlent que pour dire du mal des autres. Elles excitent les querelles et s'en réjouissent. Elles n'aiment que leur propre personne, séparent les amis, détruisent l'affectivité entre enfants et parents, mettent la brouille partout sur leur passage, crachent leur venin à chaque instant. Ce sont les serpents de la discorde. Elles s'efforcent à séduire leurs victimes, qui tombent dans leurs pièges comme une mouche sur une toile d'araignée. Elles les vampirisent, et si leurs victimes ne réagissent pas à temps, elles deviennent esclaves, impuissantes, soumises et s'habituent à cette situation, comme un chien battu par son maî-

tre. Mais l'égarement des insensés, des pervers, les conduit tôt ou tard à leur perte. Plus la sentence est lointaine, plus elle est redoutable et sans recours.

19 — Qu'il n'y ait pas de moqueur parmi vous afin d'éviter les querelles et les discordes.

Si vous respectez les lois de la sagesse, le calme régnera en vous, et puissant sera votre pouvoir psychique. La plus grande partie de notre pouvoir psychique est dévorée par des pensées négatives. Les pensées négatives sont comparables à de petites souris grignotant un morceau de gruyère, le morceau de gruyère étant la totalité de votre pouvoir psychique. Plus il y a de souris, moins il reste de gruyère. Vous avez donc intérêt à les éliminer au maximum, leur interdire l'approche de ce morceau de fromage. Bien sûr, elles reviendront aussitôt à votre insu, mais si vous persévérez à les chasser, elles finissent par se dire : « Nous perdons notre temps, cherchons notre nourriture ailleurs. » Et si les souris cèdent leur place à une créature très agressive, alors souvenez-vous du dicton : « Brave le lion et le lion te craindra », méditez bien sur ceci.

LE COMPORTEMENT

Dès le matin vous devez lutter avec vous-même, pour obtenir un maximum de puissance psychique. Chaque pensée négative qui domine en vous est votre pire ennemi, qui s'infiltre insidieusement dans votre vie. Vous devez lutter contre elles, jusqu'à ce que vous obteniez la victoire. Ne pensez pas, au début, que cela soit chose facile, et n'oubliez surtout pas qu'elles sont comme les petits ruisseaux qui font les grandes rivières.

Tout d'abord, qu'est-ce que la pensée?

La pensée est une chose très complexe, c'est l'acte de se parler à soi-même, duquel résulte une idée. Dans sa forme la plus simple, la pensée se présente au clairvoyant sous l'apparence d'une forme vibratoire tourbillonnante, identique à celle de la matière, dans sa forme la plus simple, et dans les mêmes conditions.

Il y a plusieurs sortes de pensées négatives :

1 — Celles que vous engendrez.
2 — Celles qui proviennent du monde des désincarnés.
3 — Celles qui viennent de certains égrégores.
4 — Celles produites par télépathie volontaire, ou inconsciente, dirigées vers vous, ou que vous captez.
5 — Celles qui sont émises par des rémanences.
6 — Celles qui reviennent du passé d'un karma négatif.

1 — CELLES QUE VOUS ENGENDREZ

Vous pouvez engendrer des pensées à la suite d'actions, ou de réactions de votre entourage, ou de perception de vos sens, d'un dialogue de pensées engendrées par vous-même, à la suite d'observations, de déductions, ou d'un simple raisonnement, etc., qui apparaissent de façon très claire, sans que votre conscience se trouble. Si votre conscience se trouble, c'est qu'elle capte quelque chose de déterminée à l'avance, par des émissions télépsychiques, ou des causes venant de l'extérieur, issues de pensées actives.
En règle générale, les pensées que vous engendrez sont, le plus souvent, dues à votre nature profonde, excitées par vos instincts.

2 — CELLES QUI PROVIENNENT DU MONDE DES DÉSINCARNÉS

Exemple :
Un jeune homme « rêve » de partir en vacances avec trois de ses camarades, mais ses moyens ne lui permettent pas. Cependant, ce désir l'obsède. Voyageant en chemin de fer, le train arrive en gare où il doit descendre, et il s'aperçoit qu'un sac à main de femme est resté sur l'une des banquettes... Il n'y a pas grand monde dans ce wagon, il peut prendre ce sac sans être vu. D'un geste machinal, il glisse le sac sous sa gabardine, qu'il tient repliée sur l'un de ses bras, puis descend du train, le plus naturellement que possible.

Il n'est pas encore sorti de la gare lorsqu'il voit une jeune femme affolée se précipiter pour remonter dans le wagon. Elle venait de s'apercevoir qu'elle y avait oublié son sac à main, mais il était trop tard, le train roulait déjà trop vite. La malheureuse femme se mit à pleurer, alerta le chef de gare le priant de bien vouloir prévenir le chef de gare de la station suivante afin de récupérer le sac, s'il se trouvait encore dans le wagon. « Je suis seule avec deux enfants, et j'ai reçu ma paye aujourd'hui... Elle est dans mon sac... Je suis sans ressources... Que vais-je faire si je ne retrouve pas mon sac...? »

Entendant ces lamentations, le jeune homme fut tenté d'interpeller la jeune femme, pour lui dire « J'ai trouvé un sac, est-ce le vôtre? »

Mais une pensée plus forte lui fit entendre :

« NE DIS RIEN! TU POURRAS RÉALISER TON VOYAGE AVEC TES CAMARADES. » Alors, le jeune homme se ressaisit et ne dit rien. Mais une autre pensée le harcèle aussitôt : « RENDS LE SAC A CETTE FEMME, ELLE A BESOIN DE SON ARGENT POUR NOURRIR SES ENFANTS! » Le jeune homme s'interroge : « Que dois-je faire? »

« GARDE L'ARGENT! » lui suggère une autre pensée... « ELLE SE DÉBROUILLERA... ELLE DEMANDERA UNE AIDE SOCIALE! » Cela est très juste, pensa le jeune homme. Alors, une très forte pensée, ainsi qu'une sensation de culpabilité s'imposa à lui : « SI CETTE JEUNE FEMME ÉTAIT TA SŒUR!... TU L'AIMES BIEN, TA SŒUR! » Le jeune homme capitula, et restitua le sac à la jeune femme.

Où est le libre arbitre dans cet exemple?... Voici une question bien délicate, n'est-ce pas?

Ne s'agit-il là que d'un simple raisonnement?... Ou alors de suggestions venant de désincarnés, ou alors des deux à la fois?

Nous savons qu'il peut être question d'un « dialogue » de pensées engendré par le sujet, mais nous savons aussi que les êtres désincarnés sont susceptibles de nous suggérer, d'introduire dans le cerveau humain un certain nombre de pensées. Selon le niveau spirituel des défunts, les pensées qu'ils émettent sont bonnes, ou incitent à la malveillance.

Le clairvoyant sait reconnaître l'origine des pensées et a conscience que, dans de très nombreux cas, les désincarnés sont susceptibles, par les pensées, d'influencer les « vivants ».

3 — L'ÉGRÉGORE

Il ne s'agit plus là d'une simple forme pensée, mais d'une gigantesque entité créée par le rassemblement de pensées individuelles ou collectives de même nature. La puissance de l'égrégore s'étend à l'infini.

La forme pensée est une pensée dynamisée, qui prend forme dans l'invisible, telle une image télépathique, et tendant à reproduire objectivement la forme d'activité qui lui a été conféré.

4 — LES PENSÉES D'ORIGINE TÉLÉPATHIQUE

Sont celles produites par télépathie volontaire, ou involontaire, d'être vivant, dirigées vers le sujet, ou captées par ce dernier.

5 — LES PENSÉES ÉMISES PAR DES RÉMANENCES

La rémanence est la persistance d'une modification dans l'état de la matière, après avoir été soumise à certaines influences. En ce qui concerne la rémanence de pensées, nous pouvons prendre comme exemple expérimental celui de l'enregistrement psychique qui figure dans mon livre intitulé *Pratiquez la parapsychologie* (Éditions du Rocher). C'est également le cas pour les objets « chargés ». C'est également le cas qui se produit dans certains lieux dit « hantés », qui se reconnaissent par les répétitions d'un, ou de phénomènes, sans qu'il y ait de changement dans les manifestations, les phénomènes restant strictement identiques. S'il s'agit d'un « revenant », par exemple, il fera toujours exactement le même parcours et les mêmes gestes, contrairement aux apparitions fantomatiques de désincarnés, ou de personnes vivantes en état de dédoublement, qui ne reproduisent jamais avec une entière exactitude la production des phénomènes.

6 — Les pensées résultantes d'un karma

Ces pensées négatives sont celles qui ont été, dans le passé, dynamisées, par une sorte de répétition, parfois obsédante, d'actes, sensations, ou de désirs dont elles évoquent le souvenir, en recréant ces désirs, sensations, ou actes, etc., à accomplir.

Ces pensées ressurgissent donc avec les tentations qui les caractérisent, et cela tout au long d'une vie, voire même de plusieurs vies successives, si rien ne s'y oppose.

PRINCIPAUX ENNEMIS A COMBATTRE

L'AMBITION

Lorsqu'il s'agit d'une recherche exagérée d'honneurs, de richesse, de gloire, ou de domination abusives, si cela est dans l'intérêt du bien, cela peut être une qualité, mais si l'ambition est « imbibée » d'orgueil, de vanité, elle devient alors une ennemie pour l'évolution spirituelle.

L'AVARICE

Il s'agit là d'une perversion de l'instinct de conservation, sous une forme exagérée, qui n'a rien à voir avec la tendance à l'économie. L'avarice apparaît le plus souvent dans certains états psychiques ou pathologiques, mélancolie, certains complexes, craintes maladives et obsessionnelle de manquer un jour d'argent, ou plaisir de posséder le plus possible des valeurs « cachées ». L'avare n'attire pas l'amitié.

LA CALOMNIE

Accusation fausse, qui porte atteinte à l'honneur et à la réputation d'un individu.

Ne calomniez personne, afin de ne pas être maudit par la victime.

La calomnie est semblable à un feu qui embrase une forêt, et que l'on ne peut éteindre.

Une simple parole malveillante captée par une oreille appartenant à une personne innocente, ou dirigée contre une personne, peut perturber ou détruire toute une vie.

Le mal étant créé, celui-ci avance, tout d'abord à petits pas, lentement, insidieusement, puis grossit, prend de l'ampleur devient impétueux comme les eaux tumultueuses d'un torrent. Alors, rien ne peut plus l'arrêter, et l'on voit la malheureuse victime écrasée sous le poids de la médisance, sans pouvoir se défendre, semblable à un agneau entre les dents d'un loup. Alors, l'auteur de la calomnie s'entache, et devient responsable des conséquences de son acte.

Si, pris de remords, il voulait arrêter le désastre qu'il a créé, il aurait autant de difficultés que s'il voulait, de son propre corps, retenir les eaux d'un barrage, dont il aurait fait exploser la digue. De ses yeux, il ne pourrait que constater les dégâts, fruits de la dégradation de sa personnalité.

LA COLÈRE

La colère est un réflexe impulsif, provoquant une excitation verbale et motrice, le plus souvent provoqué par une offense (réelle ou supposée), une contrariété, une injustice, la jalousie, un manque de compréhension, etc. La colère peut également provenir d'un état pathologique, alcoolisme, etc.

La colère est manifestement la perte, ou le manque de contrôle sur soi-même, et produit des effets regrettables.

Dans l'évangile, nous pouvons lire ceci : « Celui qui est

lent à la colère a une grande intelligence, mais celui qui est prompt à la colère proclame sa folie... Une réponse douce, calme la fureur, mais une parole dure excite la colère... Ne fréquente pas l'homme coléreux. »

LE DOUTE

Le doute fait provoquer un besoin de vérifier sans cesse les actes accomplis, ou les pensées émises par autrui, ou par soi-même. Il est normal lorsqu'il découle de l'examen d'une situation, dans laquelle une décision doit être prise, alors une analyse systématique doit être faite. Mais lorsqu'il s'agit d'une projection de pensées constructives, le doute est le principal obstacle à la réussite (voir la loi des pensées, dans l'ouvrage intitulé *Parapsychologie pratique pour tous* Éditions du Rocher).

L'ENTÊTEMENT

L'entêtement est une forme d'obstination irraisonnée dans laquelle l'individu s'enferme aveuglément.

Les entêtés sont souvent des êtres prétentieux, qui estiment que leurs opinions sont les seules valables, même si la réalité leur prouve le contraire. Cet état est, en général, dû à un sentiment d'infériorité, d'un manque d'esprit analytique, ou pour cacher un certain manque de culture. Quoi qu'il en soit, l'entêté se couvre de ridicule.

Il ne faut surtout pas confondre « entêtement » avec « volonté soutenue ». La volonté soutenue permet, si elle est bien fondée, d'atteindre le but que l'on s'est fixé.

LA HAINE

La haine est une antipathie, une répulsion, tendance qui porte un individu à faire, ou désirer faire du mal à quelqu'un, en dehors de toute raison sadique, ou de cruauté caractérisée. Elle peut être incitée par la jalousie, l'humiliation, la frustration, la colère, l'injustice, et bien d'autres causes encore.

La haine dirigée vers un autre produit une émission de

force négative considérable, qui part de l'émetteur vers la personne cible. Si cela se prolonge, la personne cible ressent une certaine angoisse, dont elle tend à se libérer. Cette angoisse finit par retourner sur l'émetteur qui, s'il continue à émettre, risque fort d'accumuler une négativité d'autant plus importante. C'est une sorte de « choc en retour » qui est susceptible de se produire naturellement. Donc, « Méfiance » neutralisez la haine!

L'INSENSÉ

Les insensés méprisent l'instruction, la sagesse et l'intelligence, ils se dévaluent eux-mêmes et se perdent. Fuyez loin de ce piège.

L'IMPULSIVITÉ

L'impulsivité provoque comme une poussée irrésistible, en l'absence de toute volonté réfléchie et cela brutalement. Il s'agit encore là d'un manque de contrôle de soi-même, pouvant entraîner le sujet dans des situations regrettables. L'impulsivité peut provenir de certaines conditions psychologiques du passé, mais elle est susceptible également d'être engendrée par un déséquilibre de santé. Là encore, soyez vigilant.

LA JALOUSIE

La jalousie vous guette, vous tire dans ses filets, et si vous vous y laissez prendre, ses maillons se resserrent progressivement, insidieusement, et elle finit par vous posséder définitivement, si vous n'y prenez garde.

La jalousie est une ennemie perfide, toutes les occasions lui sont bonnes pour troubler les esprits bien veillants, exemple :

Jean travaille dans le même bureau que son ami Pierre. A sa grande surprise, Pierre vient d'être nommé chef de bureau. La joie de ce dernier est grande et, pour fêter cet heureux événement, il invite Jean et son épouse pour dîner au restaurant.

Jean est alors susceptible de se comporter de l'une des trois façons suivantes :

1°) Il se réjouit du bonheur de son ami, et accepte avec joie son invitation, ce qui est parfait.

2°) Il demeure indifférent, ce qui est très rare, et accepte, ou n'accepte pas l'invitation, selon ce qui lui est personnellement agréable.

3°) La jalousie s'empare de lui, ce qui est, malheureusement, le plus fréquent. Jean est désappointé, son ami Pierre est devenu chef, c'est lui qui, à partir de ce jour lui donnera des ordres. Cette idée le trouble, l'ulcère. Il fait de Pierre son ennemi et, évidemment, il refuse l'invitation. Si, de plus, la femme de Jean évoque une certaine admiration pour Pierre, « lui au moins, il a su monter en grade ! » ces paroles deviennent intolérables pour Jean, et l'affection qu'il avait pour sa femme se ternit, il devient morose et agressif. Toutes les conséquences de la jalousie se manifestent. Jean a succombé sous l'emprise de la démoniaque, nommée « JALOUSIE ».

La jalousie tend des pièges à la croisée des chemins de l'existence, ne sous-estimez pas sa force, sa puissance, elle est cruelle et insatiable, vous lance des appels et vous harponne à chaque occasion qui se présente. La jalousie peut pousser aux pires excès.

La méchanceté

Le méchant se rend odieux et se couvre de honte, de mépris, et finit par se prendre dans la toile d'araignée qu'il a tissée lui-même.

Le moqueur

Le moqueur est une personne qui dit des choses blessantes, soit pour se valoriser, soit pour abaisser ou humilier son prochain.

Il y a différents types de moqueur : celui qui agit par orgueil, celui qui « sait tout », le complexé, et aussi, par sadisme.

Le moqueur agit parfois assez sournoisement. Il commence ses « attaques » sous la forme de plaisanteries, et s'il n'est pas remis en place dès le début, par la personne visiée, cette dernière risque fort de tourner au ridicule, ou de subir des attaques de plus en plus déplaisantes, ou, encore, de devenir désagréable envers l'attaquant.

Le moqueur n'aime pas qu'on le reprenne, il est sujet à querelles. Si vous le chassez, il vous haïra, mais, chassez-le s'il n'y a rien d'autre à faire, et les querelles prendront fin.

LE MENTEUR

Le menteur perd toute la confiance de son entourage, n'écoute pas la réprimande, et ne peut pas être pris au sérieux. Il finit toujours par se perdre dans ses mensonges, mais il peut aussi, trompant les gens, provoquer des drames pour lui-même, comme pour les autres. Bien souvent, le menteur ne ment que pour lui-même, sans le savoir. Spirituellement c'est une forme de faiblesse et de fausseté, sauf lorsque le mensonge est utilisé pour le bien, pour éviter certaines catastrophes matérielles, psychiques, ou psychologiques, le mot « mensonge » n'a plus, alors, le même sens, c'est ce que l'on a coutume d'appeler « un pieux-mensonge ».

lA PAROLE

Un mot lancé est comme une flèche, une fois parti, on ne peut plus le retenir, il se déplace à une vitesse inouïe et atteint sa cible. Ne vous hâtez donc pas de contester, afin de bien contrôler vos paroles. Un seul mot dit mal à propos peut entraîner un conflit, détruire une amitié, ou créer des ennemis.

Chaque parole doit être précise, contrôlée, pour que la pensée émise ne soit pas sujette à une erreur d'interprétation. La maîtrise des impulsions est de rigueur, dans l'usage de la parole.

LE SANS-GÊNE

Le sans-gêne se caractérise par le manque de respect

pour la vie privée des autres, et aussi dans diverses circonstances. Exemple :

Monsieur sans-gêne arrive chez vous sans prévenir, de préférence aux heures des repas, se félicitant de vous faire la « joie », pense-t-il, de le recevoir.

Il ne respecte, généralement pas la propriété d'autrui, s'appuyant sur les poignées des portes, sur les murs fraîchement repeints, ou tapissés, comme pour les soutenir, afin que ceux-ci ne s'écroulent pas, sans se soucier des traces qu'il laissera marquées, en souvenir pour ceux qui ont subi sa visite.

S'il arrive à l'heure du déjeuner, il restera sans y être convié, jusqu'à ce qu'il y soit dit, par la force des choses : « Eh bien, vous partagerez bien le repas avec nous, n'est-ce pas ?... » Et, s'il le décide, il restera également pour le repas du soir, et discutera jusqu'à une heure très avancée de la nuit, sans se soucier si vous êtes fatigué, ou devez vous lever très tôt le matin.

Un autre exemple : M. et Mme X., que vous ne connaissez que pour les avoir entrevus chez des amis, profitent, disent-ils, de leur passage dans la ville où vous habitez pour venir s'inviter chez vous, avec leur enfant, un gosse turbulent, qui vide vos placards, déshonore votre jardin, détériore quelques meubles, sans que les parents n'interviennent. « Il faut bien qu'il se défoule ce petit ! »

Un autre vous demande : « Sans indiscrétion, combien gagnez-vous par mois ?... »

LE COMPORTEMENT

Pour l'autoritaire, le coléreux, la cruauté, le geste, l'ignorance, la méchanceté, la mélancolie, le pardon, le regard, la timidité, le vaniteux, et le verbe, se rapporter à l'ouvrage *Pratiquez la parapsychologie* (Éditions du Rocher).

LISTE DES PRINCIPAUX ÉTATS D'ÊTRE, OU TENDANCES, À CONTRÔLER

A Agité
Agressif
Ambitieux
Anxieux
Autoritaire
Avare

B Borné
Bavard

C Calomnie
Casse-cou
Changeant
Coléreux
Conseilleur
Crâneur
Crédule
Cruauté
Cupidité
Cynique

D Dénonciateur
Dépendant
Dépensier
Dissimulateur
Doute

E Égoïsme
Èmotivité
Entêtement
Engagement
Excessif

F Fausseté
Flatteur

G Grincheux

H Hâbleur
Haine
Hésitant
Hypocrite

I Ignorance
Impatience
Impulsif
Inconscience
Indifférence
Indiscipline
Individualisme
Inquiet
Irresponsabilité
Instabilité

J Jalousie

M Molesse
Malicieux
Masochiste
M'as-tu-vu
Matérialisme
Méchanceté
Méfiance
Méprisant
Menteur
Mondain
Moqueur

N Nonchalant

O Obstiné
Ombrageux
Opiniâtreté
Optimiste

P Paresseux
Pardon (le)
Parole à propos
Perfidie
Perversion
Présomptueux
Pessimisme
Prétentieux
Profiteur

R Renfermé
Rêveur
Révolté
Ragoteur
Ridige

S Sans-gêne
Soupçonneux
Superficiel
Suspicion
Sybarite

T Tatillon
Timidité
Tolérance

U Utopiste

V Vantard
Violence

LA PRIÈRE

Prier, du latin *précari* est, comme chacun le sait, l'acte qui consiste à faire appel à une intelligence supérieure.

La façon de prier est très complexe, et de la manière dont elle est exécutée dépendent les résultats à obtenir.

Les effets de la prière sont tributaires de :

a) La foi.
b) De la ou des personnes qui prient.
c) De la ou des personnes pour qui est faite la prière.
d) De ce que l'on désire obtenir.

a) La foi en la prière n'est pas uniquement tributaire d'une religion, mais de la certitude que ce que l'on demande sera accordé, avoir une confiance absolue en l'intelligence sollicitée, ne jamais douter.
b) Il ne faut pas prier en prononçant des paroles comme une simple récitation apprise par cœur. La personne

qui prie doit « vivre » ce qu'elle sollicite, visualiser sa demande, et considérer immédiatement après sa prière que son désir est déjà exaucé.

c) Si la personne pour qui est faite la prière a accumulé un karma négatif (voir à karma) parvenu à maturité, la prière, sauf exception très particulière, reste sans effet.

d) La prière ne doit être faite que dans un but louable et sans intérêt d'argent ou d'autres valeurs, sauf en cas de nécessité. Lorsque vous sollicitez par une prière un être supérieur, ne le faites qu'une seule fois, pour ce que vous avez à exprimer. Le renouvellement d'une prière annule la précédente, puisque vous avez douté, ce qui fait que si vous priez tous les jours pour solliciter la même chose, c'est comme si vous ne faisiez rien car tout retourne dans la « case de départ ». Par contre, après avoir sollicité, il est favorable de faire des affirmations sur la réalité, la certitude que votre prière a été acceptée. C'est en quelque sorte le même mécanisme que celui de la loi des pensées. (Voir *Parapsychologie pratique pour tous*, Éditions du Rocher.)

LA VIGILANCE

Veillez sur tout ce que vous dites, sur tout ce que vous faites.

Ne soyez pas comme celui qui met le feu à une meule de paille et s'étonne ensuite qu'elle brûle. Il en est ainsi pour ceux qui engendrent la colère.

Je le redis, ne faites jamais de promesse afin d'éviter des reproches, ou de devenir esclave d'un engagement. Dites : « Je vais faire ce qu'il m'est possible pour que... »

Évitez au maximum de demander un service, à qui que ce soit, afin d'éviter des reproches ou de devenir tributaire d'un engagement.

Ne dites jamais, « J'ai toujours raison », ce serait sous-estimer les autres.

Avant de parler, pensez à ce que la personne avec laquelle vous dialoguez serait susceptible de penser et de répondre, à quelle motivation vos paroles pourraient donner naissance, quelles vont être les conséquences de ce que vous allez exprimer, cela afin de ne pas avoir à regretter par la suite ce que vous aurez dit, et soyez prêt à parer certaines éventuelles réponses inopportunes. Qu'il en soit également ainsi dans votre comportement, faits et gestes. Ayez des gestes et des paroles harmonieux, sans sous-entendu, et respectez scrupuleusement ce qui appartient aux autres.

Une chose, un geste, une parole est susceptible de provoquer un désir ou une répulsion. Dans certains de ces cas, il faut savoir s'imposer l'indifférence.

Méfiez-vous de toutes les formes de suggestion. Tout d'abord, il faut bien faire la différence d'analogie entre la suggestion et la persuasion.

La persuasion s'adresse à la raison du sujet, en essayant de parvenir à son adhésion consciente et volontaire. Rappelons que la raison, du latin *Ratio* est la faculté par laquelle l'homme peut connaître et juger. La suggestion s'adresse à l'inconscient du sujet, en essayant, dans une certaine mesure, de le soustraire à sa volonté et à sa raison.

Méfiez-vous des pensées venant de l'extérieur.

Toutes perceptions venant de l'extérieur réagissent sur la pensée, qui, elle-même, réagit sur le comportement, pouvant ainsi susciter des réactions diverses sur le plan physique ou psychique, le plus souvent sur les deux à la fois.

De certains contacts naissent des sensations pouvant provoquer des désirs, qui, grandissant engendrent des obsessions qui mettent l'esprit et le corps en esclavage.

Soyez sur vos gardes contre tout ce qui pourrait fait obstacle à votre liberté. Ne soyez jamais sous la domination spirituelle de qui que ce soit, ni sous l'emprise de certains hypnotiseurs, en dehors d'une nécessité médicale absolue. L'hypnose est considérée comme étant une domination plus ou moins temporelle d'un individu par un autre. Cette domination est à l'opposé de la maîtrise de l'évolution psychique, qui demande une domination de l'être sur lui-même.

Toutes formes de domination par autrui de vos propres pensées est une soumission qui dégrade votre personnalité.

Méfiez-vous de certaines sectes pseudo-religieuses qui

n'ont pour but que la domination de votre corps et de votre âme. Efforcez-vous d'être votre propre maître spirituel, écoutez tout, regardez tout, jugez tout et ne conservez que le meilleur, votre inspiration vous aidera.

Si vous ne parvenez pas à vous comporter convenablement avec tout le monde, faites, au moins, le maximum d'efforts envers ceux que vous aimez, et en particulier envers les enfants.

Le comportement à l'égard des enfants est l'un des points parmi les plus importants, car de notre conduite dépend une partie du cours de la vie qui s'ouvre devant ces êtres si fragiles, qui se lancent dans l'existence, et dont nous devons nous sentir un peu responsables.

Ne forcez pas avec cruauté les enfants à manger ce qui les écœure, car dès lors, vous exprimeriez en eux un sentiment de révolte et de répulsion, peut-être anodin en apparence, mais qui reste en semi-latence durant toute la vie de l'enfant.

Il est difficile de traduire la joie et l'amour que peut susciter un enfant pour un homme ou une femme digne de ce nom, tant cette sensation est profonde, ineffable.

Pour bien comprendre cela, il faut connaître un enfant dès son plus jeune âge, qu'il vous appartienne ou non, mais avoir la possibilité de le serrer entre vos bras, tendrement, contre votre cœur, de le sentir respirer contre vous, sentir ce besoin d'amour, de protection et de sécurité que nécessite ce petit innocent sans défense. Personnellement, j'ai eu la faveur et la joie de pouvoir vivre la croissance de ma fille et de ma petite-fille. Je ne pourrai jamais oublier ce sentiment intérieur perçu dès le premier jour où je les ai serrées entre mes bras... J'aurais voulu ne jamais les séparer de moi, et j'ai toujours cette impression indélébile qu'elles font partie de moi-même, leur cœur bat en moi, autant que celui de mon épouse que j'adore. Cela est si merveilleux que rien ne peut l'égaler. Quelle joie de voir leurs yeux émerveillés devant la nature et l'attention qu'ils portent aux récits qui leur sont faits... Tout leur paraît féerique, grandiose.

Puis les enfants grandissent, et la nature veut qu'ils prennent part à la vie d'une façon plus détachée. Nous ne pouvons plus, comme durant leurs premièrs années, les serrer inlassablement entre nos bras, ce serait alors une forme d'égoïsme et une entrave à leur liberté, car au bout de quelques années, ils conservent bien le besoin d'être aimés, sécurisés, mais aussi, la vie les incite petit à petit à connaître d'autres choses, tout ce monde qui semble plus ou moins merveilleux, qui s'offre à leurs yeux et qu'ils veulent découvrir.

L'attention qui se focalisait, en grande partie, sur l'amour que nous leur portons se trouve alors naturellement partagée avec leur propre joie de vivre et une certaine indépendance. Ils prennent progressivement conscience de leur personnalité, et les marques de leur caractère apparaissent au fur et à mesure des jours qui s'écoulent.

Il est nécessaire, dès le début, de bien les observer et de savoir se faire aimer, car les souvenirs qu'ils conservent de leur enfance et de leur adolescence resteront gravés en eux pour toute leur vie.

Puis, ils quittent leur « nid » pour vivre une vie personnelle et connaître une intimité de couple... Le cœur des parents se sent alors troublé, une vive émotion, comme un arrachement dû à une sorte d'égoïsme, ou une forme de jalousie inconsciente, qui semble légitime, de voir l'enfant aimé partager son amour avec un ou une autre personne.

Que se passe-t-il alors?

Alors, il se produit le plus souvent une dualité réelle, ou parfois inconsciente entre les parents et la tierce personne qui semble, aux yeux des parents, user de plus ou moins d'autorité sur l'être cher, qu'ils considèrent toujours comme un enfant qui n'appartient qu'à eux, conséquence naturelle due à l'attache génétique indélébile qui durera toute leur vie.

Cette dualité peut prendre deux formes principales différentes :

a) Les parents coupent le « cordon ombilical » et ne cherchent en aucune façon de savoir ce qui se passe dans la nouvelle vie de leur enfant.

b) Ou, au contraire, ils analysent plus ou moins les faits

et les gestes des deux partenaires. Si l'entente semble harmonieuse, c'est le comble du bonheur pour les parents. Dans le cas contraire, les parents s'interposent, et s'ils ne parviennent pas à constater un amour réel dans le foyer de leur enfant, alors s'engage toute une série de querelles pouvant aller des plus banales aux plus graves, et le bonheur s'assombrit.

Souvenez-vous que tous les parents ont été des enfants, donc semblable à vous, et s'ils aiment leurs enfants, aimez-les également, vous serez en harmonie avec la nature.

Ceux qui battent ou humilient les enfants sont des êtres dont le niveau spirituel est placé au-dessous du niveau de la bête. Les animaux, eux, protègent leurs petits.

La vigilance est intimement liée au contrôle de vos pensées[1]. Elle est le gardien du seuil de votre « maison »...

Soyez à l'écoute avec lui, ne laissez entrer et sortir de votre « maison » (votre psychisme) que des pensées saines et positives. Lorsque vous aurez collaboré avec « Vigilance » à cette tâche durant un certain temps, vous n'aurez plus à vous soucier de ce problème, le « Gardien » s'en chargera.

Cela vous semblera peut-être impensable, si je vous dis que vous avez plusieurs intelligences attachées à votre esprit, ce sont vos « généraux », cependant, si je vous dis que chacune des cellules de votre corps elle ausi a une intelligence; vos globules blancs, globules rouges, vos organes, etc., toute cette organisation régie presqu'en totalité par votre inconscient...

1. Pour le contrôle des pensées, se reporter au livre intitulé *Parapsychologie pratique pour tous*, Éditions du Rocher.

LE DISCERNEMENT

Lorsque le niveau de conscience atteint un certain degré, alors, comme par un coup de baguette magique, tout se transforme pour l'être qui en dépend. Il subit une sorte de métamorphose, tout lui apparaît comme étant un rêve, une partie de l'existence qui passe dans l'éternité. Tout semble féerique.

Quand l'individu arrive à cette phase de maturité, les versets suivants du Nouveau Testament prennent toute leur valeur :

Éphésiens — chapitre V, verset 14 :

> « *Réveille-toi, toi qui dors,*
> *Relève-toi d'entre les morts,*
> *Et le Christ t'éclairera.* »

Matthieu — chapitre VIII, versets 21 et 22 :

« *Un d'entre les disciples lui dit :*
Seigneur permets-moi d'aller d'abord ensevelir mon père.
Mais Jésus lui répondit :
Suis-moi, et laisse les morts ensevelir leurs morts. »

Dès lors, l'individu a l'impression de se trouver seul face à lui-même et se voit tel qu'il est réellement, se rend parfaitement compte qu'il habite un corps dans lequel il est venu seul, que son corps physique est un véritable champ de bataille dans lequel il doit lutter contre les dominations et les ruses des forces du mal, qu'il doit veiller avec persévérance contre tout ce qui pourrait faire basculer le plateau de la balance en sa défaveur spirituelle. Qu'il doit fixer son attention dans tout ce qu'il pense, fait et dit.

Si vous désirez atteindre ce haut niveau, dès le matin vous devez adresser la liste de toutes les mauvaises pensées qui vous envahissent, et ceci jusqu'à la fin de la journée. Faire ensuite le bilan, et mesurer ce que vous devez combattre.

Lorsque vous aurez dominé les mauvaises pensées qui souillaient votre âme, vous devez continuer cette domination en permanence.

Les caprices, colères et tous les défauts des êtres humains vous apparaîtront alors comme étant une faiblesse dans laquelle la plus grande partie des individus restent prisonniers comme dans un filet qui les enserre, et les laisse dans l'esclavage, la tourmente et la douleur, gâchant ainsi une grande part de leur vie et de celle de leurs semblables.

Il est nécessaire de prendre conscience que la plus grande partie des pensées qui occupent votre attention ne viennent pas de vous, mais de l'extérieur, et tendent à imprimer en vous certains sentiments, désirs, certaines obsessions, passions, pensées plus ou moins impures, etc.

Les pensées personnelles sont celles qui ne proviennent pas des opinions, préjugés ou autres provenant d'autrui, qui déforment votre propre façon de voir les choses, celles qui vous laissent le plus souvent percevoir des ouvertures plus ou moins masquées par des apparences trompeuses.

Il est bon d'étudier le comportement des autres et de soi-même[1]. L'observation des défauts et des qualités des autres permet de mieux connaître votre propre comportement.

Le geste est un indicateur assez remarquable vis-à-vis du comportement d'un individu. Par exemple, observez la façon dont une personne pose un livre, une revue, ou tout autre chose sur un bureau, une table, etc. Si elle jette négligemment l'objet, cela indique un manque de délicatesse, et bien souvent, en plus, un caractère coléreux.

Avantage : néant.

Inconvénient : risque de se voir refuser le prêt de livres, de documents, ou tout autre chose, par des amis. Si au contraire une personne dépose l'objet normalement, il s'agit là d'une personne qui a le sens des valeurs. Si la personne dépose l'objet avec délicatesse, cela dénote un caractère sensible et délicat, ayant le respect de la valeur des choses. Avantage : si l'occasion se présente, il sera prêté plus facilement des objets à une telle personne, qu'à la personne indélicate.

Il y a aussi ceux qui posent leurs mains sur les murs intérieurs d'une habitation. Même si leur mains ne tachent pas les peintures ou les tapisseries, ils se rendent désagréables. Ceux qui « s'effondrent » sur les poignées de porte se rendent désagréables. Ceux qui mettent leurs pieds sur les barreaux, sur les pieds de chaises ou contre les meubles, etc. se rendent désagréables, ils font partie de la catégorie des sans-gêne. Désavantage : les gens soigneux éviteront d'inviter, de recevoir de tels personnages en leur domicile. C'est ainsi que bien souvent de bons amis se séparent.

Après avoir soigneusement observé les autres, vous obtenez déjà une certaine forme de discernement. Dès lors, instruit par cette analyse, vous pouvez mieux vous observer vous-même et purifier votre être, vous structurer et devenir la personne que vous estimeriez idéale.

Une méthode consiste à fabriquer un portrait-robot de ce que l'on désire être, que vous nommerez « MOI ».

---

1. Se reporter au livre intitulé *Pratiquez la parapsychologie*, Éditions du Rocher.

Processus

Créez mentalement le type d'homme ou de femme auquel vous désirez vous identifier. Attribuez-lui les qualités que vous désirez acquérir. Il sera le reflet de votre être réel extériorisé.

Dans chaque situation embarrassante dans laquelle vous pourriez vous trouver, vous devez trouver la réponse dans ce « MOI ».

Exemple :

Vous êtes timide et pour la première fois devez prononcer un discours dans une salle de conférence. Arrivé sur l'estrade, vous vous trouvez envahi par un trac insurmontable. Que se passe-t-il?

Vous devez penser : « Ce n'est pas moi, ça! ».

Vous devez alors visualiser votre « MOI », le reflet de votre propre personnalité, celle qui caractérise votre être réel. Vous devez vous identifier à ce « MOI » qui n'a peur de rien, ce qui aura pour effet de changer votre plan « vibratoire », vous serez réellement vous-même et réagirez en conséquence.

Deuxième exemple :

Un ami vous a refusé un service qu'il aurait facilement pu vous rendre. Si vous vous sentez envahi par une réaction de haine, ce qui est négatif et vous perturbe de façon consciente ou semi-consciente, alors, aussitôt, regardez votre « MOI », qui est parfait, qui, en toutes circonstances demeure imperturbable, sentez-vous lui, puisqu'il est la propre image de ce que vous désirez être, et le calme régnera en vous, la haine disparaîtra, s'éloignera loin de vous pour laisser place à une indifférence envers ce refus. Vous éviterez ainsi de vous tourmenter à ce sujet, et de perdre un ami qui a peut-être beaucoup de qualités, sauf quelques exceptions... Personne n'est parfait, peu nombreux ceux qui s'efforcent à le devenir.

LE RACISME

Selon mes observations paragnostiques, à l'origine les hommes étaient tous de couleur noire. Puis ils se sont divisés et parsemés sur la surface de la terre. Des communautés se formèrent dans diverses régions du globe.

Progressivement, de générations en générations, des modifications morphologiques transformèrent leur apparence, ceci étant principalement lié au tellurisme des régions sur lesquelles ils vivaient, les nourritures, tributaires des lieux, jouèrent aussi un rôle prépondérant. Les migrations et les alliances successives de peuplades différentes donnèrent naissance à un mélange des races primitives, créant ainsi d'autres variétés humaines. Tout ceci n'est qu'un simple résumé de nos origines raciales.

Les hommes s'étant divisés, des mœurs, des conceptions spirituelles se sont instaurées parmi eux. Arrivé à note époque, nous constatons que les hommes ne se souviennent guère que leurs racines sortent du même arbre, et considèrent généralement qu'ils appartiennent uniquement à un ensemble des ascendants et descendants d'un peuple... Mais se posent-ils cette question : « Mais quelle est l'origine première de ce peuple? »

Des spécialistes ont tenté de chercher ces origines, ils ne parlent généralement que de migrations. Cette étude mérite d'être engagée plus profondément. Il faut reconnaître que, « scientifiquement », ce n'est pas facile, mais un raisonnement logique pourrait déjà faire transpirer une lueur de vérité. Quelle émotion, alors, de découvrir que tous les hommes font partie d'une seule et gigantesque famille. Ceci ne suffirait cependant pas, hélas! pour rapprocher tous les hommes. Actuellement encore, de nombreuses familles éprouvent beaucoup de difficultés à se supporter entre elles. Il est donc facile de comprendre tous les obstacles rencontrés au niveau des nations.

Le problème humain est grand, il y a encore beaucoup de chemin à parcourir avant d'obtenir une sérénité terrestre, mais il ne faut pas se laisser décourager, il faut tout d'abord faire l'effort de se supporter les uns les autres, ensuite l'observation fera connaître que chaque individu a quelque chose de bon en lui, mais que, malheureusement, le plus grand nombre n'arrivent pas à dominer les pensées négatives qui déploient toutes leurs forces de séduction pour les perdre. Ceux qui sont pris dans leurs filets deviennent esclaves de ce qui a dominé en eux. Les personnes qui pratiquent la parapsychologie à un haut niveau ne me contrediront pas, de plus, tout comme moi, ils savent, en remontant dans le passé, que chacun de nous a pu incarner diverses races humaines... Comment ne pourraient-ils pas reconnaître notre « grande famille »?

Le problème du racisme est simple, et il peut être exprimé en quelques lignes, en tirant un grand trait rouge sur les querelles du passé, et en évitant de se battre pour les divergences de conceptions religieuses.

LES OBSTACLES EN PARAPSYCHOLOGIE

Expérience exécutée avec des élèves de troisième année.

Perché à 1,90 mètre du sol, sur un support métallique, pour être vu de tous, j'avais dissimulé un aimant de 60 millimètres de long, sur dix millimètres de diamètre, enrobé dans une gaine en matière plastique blanche et opaque d'1 millimètre d'épaisseur, afin qu'il n'y ait pas de suggestion possible. Puis je demandai à mes élèves de se dédoubler, de se contracter et d'entrer à l'intérieur de cette gaine blanche, dont ils ignoraient le contenu.

Selon qu'ils arrivèrent sur un pôle, ou sur l'autre de l'aimant, ils étaient vivement attirés, ou au contraire repoussés par le champ magnétique de l'aimant.

Lorsqu'ils allèrent à mi-distance, entre le pôle positif, et le pôle négatif de l'aimant, ils furent pris dans un tourbillon qui semblait vouloir les emprisonner tous, et moi-même. Je ne fus pas surpris, car j'avais pratiqué seul un grand nombre de fois cette expérience, avant de la faire avec mes élèves, et je pus ainsi constater qu'ils ressentirent les mêmes impressions.

LE TUBE D'EXPÉRIMENTATION

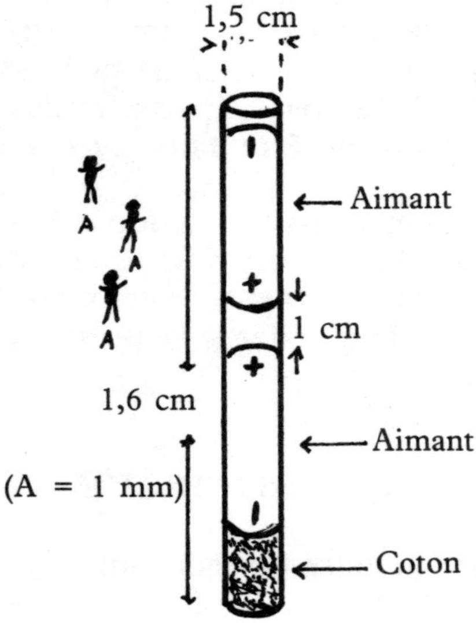

Nous fîmes ensuite une autre expérience avec deux aimants masqués, eux aussi par une gaine en plastique blanche et opaque, de mêmes dimensions que ceux utilisés dans l'expérience précédente, et mis ensemble dans un tube à essais en verre pyrex. Les pôles de même nature des aimants étant placés face à face, l'un au-dessus de l'autre, de façon qu'ils se repoussent.

Aucun des élèves en état de dédoublement ne put pénétrer dans l'espace situé entre les deux aimants, ni approcher à moins de 6 centimètres de la turbulence produite au-dehors du tube. Il fallut d'ailleurs faire de très grands efforts pour rester à cette distance, comme ce fut le cas dans l'expérience du 15 janvier 1983[1]. Les participants devaient, en état de dédoublement, entrer dans une ampoule de verre transparente, de 10 centimètres de long sur 8 centimètres de diamètre, dans laquelle mes élèves et moi avions l'habitude d'expérimenter. Ce jour-là, nous avions convenu, M. Pierre, le Dr C. et moi-même, de nous introduire les premiers, en état de dédoublement contracté, dans cette ampoule, et de repousser les arrivants, afin qu'ils ne puissent y entrer. Nous avions créé un tourbillon psychique allant de l'intérieur de l'ampoule vers l'exté-

1. *Parapsychologie pratique pour tous*, Éditions du Rocher.

rieur de celle-ci. Lorsque les participants approchèrent de cette ampoule, ils furent chassés par le tourbillon psychique qui les empêchait d'entrer.

Cette deuxième expérience faite avec les aimants laisse entrevoir la possibilité de protection psychique, à l'aide d'appareils de physique, contre certaines attaques venant du monde invisible, susceptibles d'être dirigées sur des habitations. Il est bien établi, à la sutie de longues études et recherches, que les personnes en état de dédoublement ne se trouvent pas gênées par l'épaisseur des murs, ni par des barrages pouvant être faits avec le plomb.

Nous ne connaissons pratiquement pas beaucoup d'éléments jusqu'à ces dernières années, susceptibles de faire obstacle à un être en état de dédoublement, et ceux que nous connaissons arrivent parfois à céder à la pression d'une très puissante force psychique.

Obstacle créé par la coque psychique

La coque psychique permet de faire obstacle aux personnes en état de dédoublement, et aux émissions psychiques. Ce qui permet d'éloigner des personnes physiques, des objets, maisons, ou lieux, un grand nombre de malveillances pouvant être engendrées dans le monde invisible. (Se reporter au livre intitulé *La Parapsychologie et l'invisible*, Éditions du Rocher.)

Le tourbillon psychique

Sans avoir recours à un objet matériel, l'énergie émise par la concentration de la pensée est susceptible, même à de très grandes ditances, de produire des obstacles vis-à-vis des personnes en état de dédoublement, des émissions négatives émises par des personnes malveillantes, et toutes autres manifestations d'ordre psychique.

Le tourbillon psychique ne peut être obtenu que par les personnes ayant une bonne maîtrise de leurs pensées, et une bonne faculté de visualisation, afin de réaliser correctement ce phénomène[1].

La visualisation

Visualiser, c'est se représenter mentalement un objet, ou toute autre chose. Pour obtenir une bonne visualisation, il faut tout d'abord s'entraîner à se représenter, avec le plus de précision possible, une chose simple, une pomme par exemple, sa forme, sa couleur, sa brillance, son volume, toute son apparence réelle. Lorsque, après une série d'exercices, ceci est réussi, il faut s'entraîner à faire des visualisations de plus en plus compliquées, telles que animaux, paysages, etc.

Lorsque la maîtrise de la pensée et de la visualisation est obtenue, avant de passer à la phase suivante, la « création », il faut avoir conscience que le subconscient prend « conscience » du monde ambiant sans la participation des cinq sens ordinaires. Il perçoit par intuition. C'est lui qui produit ce que l'on a coutume d'appeler phénomène de rétrocognition, précognition, clairvoyance, clairaudience, et tous autres phénomènes psychiques. Il est la véritable personnalité de l'être. Il peut également sortir du corps physique et se déplacer lentement ou à des vitesses inouïes, jusqu'à des distances illimitées. Mais il possède aussi le pouvoir créateur.

Création du tourbillon psychique

Créez mentalement, par une visualisation soutenue, une sorte de spirale constituée par de fines et puissantes particules tournant très rapidement (fig. 1).

Les particules doivent être représentées sous la forme d'une ligne énergétique partant du sommet de la spirale,

---

1. Pour la maîtrise des pensées, se reporter à mon ouvrage intitulé *Parapsychologie pratique pour tous*, et *Pratiquez la parapsychologie*, Éditions du Rocher.

s'agrandissant ensuite pour constituer la « cage » de protection, et se réduisant vers la base (fig. 2), créant une trajectoire secondaire, pour repartir en sens inverse en longeant le tourbillon primaire, ainsi de suite (fig. 3). Le cycle se trouve ainsi fermé et se meut en exécutant l'ordre pour lequel il a été créé.

Observation :

Le volume du tourbillon doit être créé en fonction de ce qui doit être protégé. Pour faciliter l'explication, prenons comme exemple une bergerie que l'on désirerait protéger, afin que certaines personnes malveillantes ne puissent tourmenter les moutons.

I — Bien fixer votre attention sur ce que vous désirez protéger, en l'occurrence la bergerie.

Fig. 1

II — Visualisez cette bergerie, ainsi que son proche voisinage, dans tout leurs détails, jusqu'au maximum de netteté.

Fig. 2

III — Créez le tourbillon psychique sur cette bergerie, de façon qu'elle soit entourée dans tous les sens, y compris le sous-sol (fig. 2).

Fig.3

Le tourbillon psychique peut être utilisé contre l'agression psychique dirigée sur des personnes physiques, animaux, lieux d'habitation, cultures, etc.

BARRAGE PAR LA PIERRE AUTORECHARGEABLE

Les pierres ou autres objets autorechargeables, mentionnés dans mon livre *La Parapsychologie et l'invisible*, aux Éditions du Rocher, permettent aussi certaines formes de barrages.

BARRAGE PAR LE MUR DE FEU

Le barrage de feu consiste à créer mentalement un mur de feu qui se dresse autour de la personne ou autre à protéger. Cette forme de protection laisse des failles, le dessus et le dessous de la personne, ou autre, à protéger restent libres. Il est certain que les forces du pouvoir psychique de l'homme peuvent enrober totalement par le feu ce qui doit être protégé, en faisant abstraction de la chaleur qui pourrait se produire à l'intérieur de cette protection, mais l'expérience prouve que le tourbillon psychique est bien plus efficace.

LES FORMES PENSÉES

Une pensée soutenue augmente en puissance, produisant une forme pensée aux contours et couleurs d'autant plus nets que cette pensée se trouve être dynamisée par la volonté.

Une telle pensée rayonne à des distances considérables. Une telle pensée est susceptible d'agir avec ténacité sur le corps, soit mental, bioplasmique, physique, ou sur les trois à la fois, sur la personne qui l'a créée, ou sur autrui, selon la raison pour laquelle elle a été conçue.

Une pensée non soutenue est une pensée faible qui reste sans contour ni couleur bien définis, et se « dissout » en n'ayant parcouru qu'une très faible distance. Elle reste donc sans effet.

Les formes pensées non extériorisées, c'est-à-dire qui ne sont pas dirigées vers une cible extérieure, vers un but précis, agissent sur le producteur de cette forme pensée, et si d'autres pensées de même nature prennent naissance, alors elles se multiplient d'elles-mêmes, se dynamisent jusqu'à produire une obsession chez l'individu qui leur a donné naissance.

De cette façon, la peur engendre la peur, la colère engendre la colère, etc. Il en est de même pour tous les complexes, mais aussi, avantageusement pour les bonnes qualités, la bonté, la sagesse, etc.

Les individus qui ont peur la nuit engendrent des fantômes issus de leur propre imagination, entendent des bruits et ressentent des choses bizarres qui ne sont pas perçus par d'autres personnes présentes.

Certaines apparitions ne sont que des formes pensées engendrées par la certitude qu'a l'émetteur en la réalité du phénomène.

Les apparitions de formes pensées se reconnaissent à la particularité qu'elles ont de faire disparaître totalement ou en partie de la vue consciente le ou les décors réels du lieu où elles se manifestent, lorsqu'elles sont perçues par des personnes sensitives.

Lorsqu'un être spirituel apparaît, le décor dans lequel le phénomène se produit reste inchangé.

La vision suscitée[1] qui consiste à faire apparaître dans l'espace une forme qui, matériellement, n'existe pas, est une action consciente de forme pensée dynamisée.

Certaines formes pensées peuvent provoquer des hantises, qui peuvent être confondues, lorsqu'il s'agit d'une forme humaine, avec un individu en état de dédoublement aveugle.

Le dédoublement aveugle est celui dans lequel se trouve extériorisé du corps physique d'un individu le corps bioplasmique, sans que l'esprit conscient l'incorpore.

Il est fréquent que des pensées prennent une forme allégorique, constituant une forme de symbolisme, c'est ainsi par exemple qu'une pensée de destruction peut vous apparaître sous la forme d'un aigle mort.

La pensée de quelqu'un qui veut vous agresser verbalement peut se présenter sous la forme d'une anguille.

---

1. Se reporter aux pages 99 et 100 du livre *Parapsychologie pratique pour tous*, Éditions du Rocher.

Voir apparaître mentalement un âne vous menaçant avec ses dents, on dit du mal de vous. Un ange, une personne qui vous protège et qui vous aidera dans ce que vous entreprenez. Une araignée, il s'agit de la forme pensée d'une personne qui pense à vous créer des soucis. Un arc-en-ciel est la pensée de quelqu'un qui désire s'allier avec vous pour votre bonheur, quelqu'un qui vous aime de façon fraternelle. Le bélier est la pensée d'un personnage autoritaire qui vous domine, ou veut vous dominer. Un borgne est la pensée de quelqu'un, comme le symbole l'indique, qui ne voit que d'un œil, qui pense que vous lui nuisez que vous lui faites du tort. Un bourreau, il s'agit là d'une menace de mort dirigée vers vous. Un chat, pensée de quelqu'un qui veut vous trahir. Chien, un ami fidèle qui pense à vous s'il est calme. Si il est furieux, une personne cherche à vous attaquer, soyez sur vos gardes. Corbeau, un être malveillant, vous guette, veut votre mort. S'il croasse, vous êtes calomnié. Un vol de corbeaux, quelqu'un vous prépare une grande et pénible déception. Un infirme, quelqu'un pense à vous demander secours. Une lettre, une personne agréable pense à vous, vous allez en avoir des nouvelles. Lion, il s'agit là d'une pensée agressive d'un puissant ennemi. Moine, c'est une pensée paisible dirigée vers vous.

Renard, quelqu'un pense à vous voler. Le serpent, piège et calomnie dirigés vers vous. Taureau, furieux, quelqu'un cherche à vous persécuter, ennemi tenace, mais s'il est calme, il s'agit alors d'un personnage important qui vous protège. Etc.

La liste de ces symbolismes est très grande, et sera le sujet d'une autre étude.

LES DANGERS EN PARAPSYCHOLOGIE

Beaucoup d'ouvrages relatifs à des expériences parapsychologiques font allusion aux dangers menaçant le sensitif; accidents survenant au cours de dédoublements du corps semi-matériel, le plus souvent lorsqu'il s'agit de combats contre des êtres malveillants dans le monde invisible, mais aussi de grandes frayeurs, malaises ou fatigues.

Il est certain que l'étudiant en parapsychologie pratique ne doit pas négliger les consignes, ni les lois nécessaires à la bonne réalisation de son développement psychique, dans cet immense domaine qu'est la parapsychologie. Il ne doit pas prendre d'initiatives personnelles, rien qui soit au-dehors de ce qui lui a été enseigné, car il risquerait de se heurter à des phénomènes qui lui sont inconnus, et aussi de se créer des désagréments plus ou moins regrettables.

La pratique de la parapsychologie est chose sérieuse,

et ceux qui la manient maladroitement sont susceptibles d'encourir des risques très graves.

Lorsqu'il s'agit de dédoublement du corps semi-matériel, je recommande aux néophytes la plus grande prudence, et particulièrement lorsqu'il s'agit d'un combat entre doubles, ou autres présences dans le monde invisible.

Je vais relater l'un des dangers vécus, que j'ai retenu parmi d'autres.

Deux jeunes gens, n'écoutant que leur courage, s'étaient, en état de dédoublement, attaqués à un groupe de cent cinquante sorciers malfaisants, pour libérer une personne qui se trouvait sous l'emprise démoniaque de ces derniers. Mais maheureusement pour eux, plusieurs de ces sujets malfaisants, eux aussi, étaient en état de dédoublement et les attendaient.

Les forces n'étaient pas égales. Se sentant dans une dangereuse situation, les deux jeunes gens m'appellèrent à la rescousse. Je ne pouvais pas les laisser succomber dans une telle situation, et, bien que sachant que le combat était perdu d'avance, pouvant même être mortel, je me suis lancé à leur secours.

Après un violent combat, mon corps physique fut incorporé pendant toute une journée durant laquelle j'eus les pires difficultés pour récupérer la maîtrise de ma personnalité. Malheureusement, ce jour-là, les malfaisants utilisèrent mes attributs physiques pour insulter de façon démentielle une personne avec laquelle je devais converser par téléphone. Mon correspondant, qui me connaissait, et qui avait pour moi une certaine sympathie, n'en croyait pas ses oreilles, il était stupéfait par ce qu'il entendait. Je luttai désespérément pour neutraliser ce phénomène, mais en vain.

Le lendemain, ayant chassé l'intrus et repris la parfaite maîtrise de mon corps physique, je téléphonai à mon correspondant pour lui présenter mes excuses, bien que ce ne fût pas moi qui avais parlé par ma bouche, ce que je m'efforçai de lui faire comprendre en argumentant qu'il me connaissait suffisamment pour comprendre qu'il s'était passé quelque chose d'anormal. Mais hélas! il n'a pas compris et garde de moi un très mauvais souvenir. Je comprends bien qu'une personne non avertie puisse raisonner de cette façon, et je le regrette beaucoup, car moi je l'estime toujours comme avant cette malheureuse aventure.

Mon ami Pierre qui avait suivi cette affaire fit promettre aux deux jeunes gens de ne plus se lancer dans un tel combat sans avoir pris les précautions nécessaires.

Les combats dans l'invisible sont très dangereux, il faut bien connaître les risques qu'ils engendrent, et les ruses utilisées par l'adversaire, avant de passer à l'attaque.

Le phénomène d'incorporation est bien connu des occultistes et des parapsychologues, mais hélas ! pas assez du grand public.

En général, si un individu incorporé ne parvient pas à se libérer lui-même, et si son entourage ne prend pas conscience de la possibilité de ce phénomène, la victime se retrouve directement en psychiatrie, sans aucun remède pour le sortir de cette fâcheuse situation. Alors encore une fois « ATTENTION DANGER!!! »

Pour le débutant qui n'observe pas les consignes, le danger réside principalement en ce qu'il n'a pas tout à fait conscience qu'il fait ses premier pas, et que sa vue dans cette autre dimension n'est pas entièrement éveillée, ses perceptions ne sont encore qu'à mi-chemin entre le rêve et l'éveil.

Comme un bébé qui commence à marcher, la perfection ne vient que progressivement.

La personne qui débute dans le dédoublement est comparable à un jeune enfant qui commence à nager, si elle ne tient pas comtpe qu'il lui a été dit de ne pas se baigner dans certains endroits d'une rivière s'en s'être informée des dangers qu'elle pourrait rencontrer, tourbillons, épave à faible profondeur, sables mouvants, etc., le danger la guette.

Un autre exemple de danger est celui auquel s'expose le sujet pas assez expérimenté, en état de dédoublement, dont les fantasmes de ses pensées lui font apparaître un guide imaginaire, selon un désir fortement exprimé, voire même, parfois par une réception télépathique émise plus ou moins volontairement par une personne qui connaît le sujet. Cette « apparition » n'étant qu'une forme-pensée l'entraînera, s'il n'y prend garde, dans un monde imaginaire qu'il considérera comme une réalité.

En étudiant les phénomènes parapsychologiques, vous irez de surprise en surprise, votre sens logique sera confronté avec ce qui vous semblera illogique, et que, cependant vous serez obligé de constater l'évidence.

Un autre danger est celui que présentent les trous noirs, pour les personnes en état de dédoublement.

L'état dans lequel vous vous trouverez ne vous permettra pas, dans les débuts, d'évaluer la valeur du temps, ni de l'espace, et vous risqueriez, en un temps très court, de franchir des distances fabuleuses. Sans l'expérience nécessaire, vous vous engagez dans des parties de l'espace dangereuses, un « trou noir », pourrait créer la destruction de votre corps bioplasmique et la mort de votre corps physique par voie de conséquence. En effet, les trous noirs sont dangereux pour les sujets en état de dédoublement, comme le cas du corps physique lorsqu'il s'agit de tourbillons d'eau dans une rivière, que l'on voit si l'on se place sur la berge ; mais lorsque l'on nage en ignorant leur existence, on est attiré par eux et il est souvent trop tard pour s'en échapper.

La différence avec un trou noir, quand on est en état de dédoublement du corps bioplasmique, réside dans le fait, que le baigneur bien informé sait que la meilleure façon de s'en sortir, s'il ne s'agit pas d'une aspiration provenant d'une infiltration, consiste généralement à ne pas s'épuiser en efforts inutiles, mais de se laisser aller au fond du tourbillon qui le propulsera plus loin, lui permettant de regagner le rivage.

Être attiré par un trou noir, cela est différent, car nous ne connaissons pas encore la façon d'en sortir, si toutefois c'est possible[1].

---

1. Voir *Pratiquez la parapsychologie*, pp. 104-105 et 106, Éditions du Rocher.

LE DÉDOUBLEMENT

Les débutants ne doivent pas croire que l'état de dédoublement conscient se produit après avoir exécuté quelques exercices, cela serait une énorme erreur. En effet, une longue pratique[1] est indispensable pour avoir pleinement conscience de ce qui se passe pour arriver à un état parfait de réalisation de ce phénomène, et ne pas confondre le rêve éveillé avec la réalité.

Les pensées prennent une forme que vous ne percevez pas dans votre état ordinaire, mais, lorsque vous êtes en état de dédoublement, vous devenez sensible à ces formes, dont la durée de vie est plus ou moins longue ou éphémère, selon le « dynamisme » qui leur a été donné.

Si vous n'avez pas complètement maîtrisé le dédouble-

1. Se reporter au livre intitulé *Pratiquez la parapsychologie*, Éditions du Rocher.

ment et qu'au cours d'une expérience en la matière vous pensez que vous désirez rencontrer un défunt, vous le verrez comme s'il était réel, car votre pouvoir de visualisation, excité par une idée préconçue, produira l'effet.

Si physiquement vous ne savez pas nager et qu'en état de dédoublement vous plongez dans une nappe d'eau, vous serez paniqué par la sensation que vous aurez imaginé ressentir, de vous noyer. Il s'agira là de l'effet d'une autosuggestion, des apparences trompeuses créées par votre cerveau, des créations de votre mental.

Les débutants ne doivent pas faire d'expériences dangereuses susceptibles d'être ressenties par leur corps physique, car celui-ci pourrait en être affecté.

Veillez sur tout ce que vous faites. Le Nouveau Testament le signale également dans l'épître de Paul aux Éphésiens, chapitre V, verset 14 :

Réveille-toi, toi qui dors,
Relève-toi d'entre les morts.

Veiller, c'est faire un contrôle permanent de vos pensées, vos actes, vos paroles. Vous devez lutter avec eux jusqu'à ce que vous les ayez totalement dominées.

Dans mes précédents ouvrages ont été étudiées les méthodes, et les possibilités qu'offre l'état de dédoublement du corps semi-matériel.

Dans mes cours des 17, 22 et 24 mars 1986, j'ai entraîné mes élèves peu expérimentés à quelques dédoublements préliminaires vers de nouvelles expériences que voici :

DÉTECTION DE GOÛT ET ODEUR EN ÉTAT DE DÉDOUBLEMENT

Tout en haut d'un support métallique de laboratoire d'une hauteur de 1,90 mètre, j'avais placé des tubes à essais opacifiés par des cylindres de papier pour en masquer l'intérieur. Dans l'un j'avais mis des grains de racine de chicorée toréfiée. Dans un deuxième un petit cigare. Dans le troisième de la poudre de chocolat vanillé, et dans le quatrième du camphre. En plus, dans un ballon de 0,5 litre en verre pyrex, j'avais mis, pour la première expérience, de l'eau vinaigrée. Pour la deuxième expérience 300 centimètres cubes d'eau pour 5 centimètres cubes d'un extrait de thym obtenu par infusion dans de l'alcool à 45°. Pour la troisième expérience, de la bière.

Méthode utilisée :

Pour les tubes n° 1 et n° 3 :

Le but est, uniquement en état de dédoublement, de sentir et de goûter le contenu de ces tubes afin d'affiner les sens du goût et de l'ororat. Pour cela il faut :

1° Prendre un contact visuel avec le tube, (c'est-à-dire le regarder) en se disant mentalement : « Je vais pénétrer dans ce tube pour y sentir et goûter ce qu'il y a dedans. »

2° Fermer les yeux, se sentir à l'intérieur du tube en imaginant qu'il est plus grand que vous, qu'il est devenu très grand, s'y sentir tout à fait à l'aise. Ne pas essayer de voir, afin de mieux focaliser l'attention sur le but de l'expérience.

3° Sentir, vivre cela comme si vous y étiez physiquement.

4° S'efforcer de croire que la chose à goûter est à portée de vos lèvres, de votre langue, cherchez alors à en définir le goût.

Si vous n'obtenez pas de résulat, alors seulement ayez recours à la vision psychique, pour voir de quoi il s'agit.

Pour le ballon :

Les expériences faites avec le ballon sont différentes; en effet, le contenu du ballon n'est pas masqué, et comme il s'agit de liquide, il ne faut pas se laisser influencer par sa couleur, ce qui aurait pour résultat d'engendrer certaines suggestions qui n'ont généralement rien à voir avec la réalité, et qui, de plus, fausseraient les résultats de l'expérience.

A tout bien considérer, cette expérience est fort intéressante parce qu'elle fait apparaître que parfois, la vision n'est d'aucune utilité pour obtenir certaines informations.

Comme pour les tubes, la méthode consiste à se sentir à l'intérieur de l'élément à étudier, que l'on imagine être très volumineux, afin de s'y sentir très à l'aise. La suite des opérations est la même que pour les tubes n° 1 et n° 2.

Tubes n° 2 et n° 4 :

Pour ces tubes, la méthode est la même que pour les tubes n° 1 et n° 2, mais je donne la consigne à mes élèves, de sentir d'abord et voir ensuite, mais surtout de ne pas goûter.

Résultats obtenus dans un ensemble de quatre-vingts élèves :

Tube n° 1 (grains de racines de chicorée torréfiée).

Goût :	Amer	24 %
	Tisane	2,5 %
	Café	2 %
	Un petit goût sucré et ensuite amer	15 %
	Chicorée	20 %
	Goût de salade amère	2 %
	Sucre	1 %
	Rien perçu	33,5 %
Odeur :	Indéfinissable	3 %
	Rien perçu	97 %
Couleur :	Brun foncé Marron	80,64 %
	Noir	6,07 %
	Blanc	7,60 %
	Vert et jaune	5,69 %

Tube n° 2 (un petit cigare)

Odeur :	Tabac	20 %
	Irrite le nez	30 %
	Sans intérêt et non perçu	50 %
Couleur :	Marron	15 %
	Brun	25 %
	Vert	10 %
	Tabac	3 %
	Rien perçu	47 %
Forme :	Bâton de réglisse	1 %
	Gousse de vanille	10 %
	Fibres brunes	7 %
	Rouleau en matière marron	8 %
	Cigare	3 %
	Sans intérêt	71 %

Tube n° 3 (poudre de chocolat vanillé)

Odeur :	Douce	25 %
	Vanille	20 %
	Chocolat	15 %
	Chocolat et vanille	10 %
	Tabac	4 %
	Parfum de fleurs	3 %
	Rien perçu	23 %
Goût :	Sucré	10 %
	Chocolat	15 %
	Vanille	20 %
	Chocolat vanillé	10 %
	Sans intérêt et rien perçu	45 %

Tube n° 4 (camphre)

Odeur	Encaustique	4 %
	Ammoniaque	12 %
	Produit de nettoyage	10 %
	Dégage les voies respiratoires	15 %

	Forte	10 %
	Soufre	7 %
	Camphre	8 %
	Rien perçu	34 %
Couleur :	Blanc	60 %
	Incolore	25 %
	Non perçue	15 %
Forme :	Cristalline	15 %
	Allongée et mal définie	20 %
	Difforme	20 %
	Non perçue	45 %

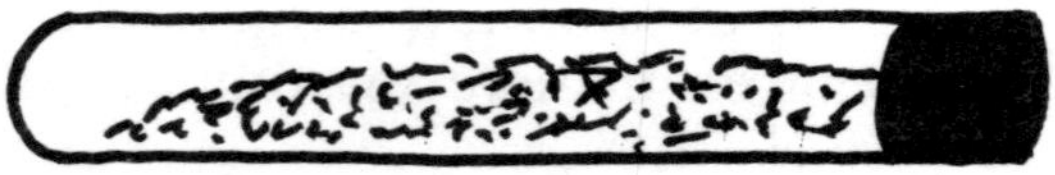

Tube de verre contenant le camphre sous une forme cristalline blanche transparente.

Ballon en verre pyrex de 0,5 litre (n° 1 - 125 cm^3 d'eau, plus 125 cm^3 de vinaigre d'alcool, couleur d'infusion de thé).

Odeur :	De café	13 %
	Tisane	8 %
	Thé	5 %
	Pomme	19 %
	Acide	15 %
	Vinaigre	23 %
	Rien perçu	17 %
Goût :	Solution de caramel	2 %
	Jus de pomme	8 %
	Café dans de l'eau	8 %
	Acide	20 %
	Vinaigre	24 %
	Cidre	5 %
	Rien perçu	33 %

Ballon n° 2 (300 cm³ d'eau, plus 5 cm³ d'un extrait de thym en solution alcoolique)

Odeur :	Thym	33,3 %
	Alcool, thym plus eau	8,9 %
	Eau, alcool et infusion de plante	15,3 %
	Vin blanc	3,8 %
	Non perçue	38,7 %

Goût :	Tisane	11 %
	Eau plus alcool plus thym	8 %
	Thym	27 %
	Vin blanc	2 %
	Pas perçue	52 %

Observation :
Mme R.F. allergique à l'alcool dut arrêter l'expérience dès le début, en disant : « Il y a de l'alcool là-dedans... »

Ballon n° 3 (300 cm³ de bière)

Odeur :	Indéfinie	40 %
	Pas perçue	60 %

Goût :	Amer	16 %
	Eau et chicorée	12 %
	Ça pique un peu	1 %
	Amer et un peu alcoolisé	8 %
	Infusion de plante	12 %
	Eau plus café	4 %
	Pas perçu	47 %

Mme R.F. allergique à l'alcool, dit à nouveau : « Il y a de l'alcool dans ce ballon-là aussi, ça me gêne. »

Le somnambulisme et le double aveugle

Tel que nous le connaissons, le somnambulisme se manifeste par des mouvements automatiques du corps physique, qui se produisent pendant le sommeil naturel, ou provoqué par l'hypnose. Cependant, l'état somnanbulique peut également investir le corps semi-matériel, principalement dans les cas de dédoublement aveugle.

Le dédoublement aveugle est la sortie hors du corps physique du corps semi-matériel, sans que l'esprit conscient y soit présent, contrairement au dédoublement total, dont l'esprit conscient se trouve associé au corps semi-matériel.

A noter que la forme la plus simple de dédoublement est la projection hors du corps physique de l'esprit conscient uniquement[1].

En résumé, le double aveugle est la projection hors du corps physique du corps semi-matériel, l'esprit conscient restant dans le corps physique. Dans ce cas, le double ne transmet pas ses observations à l'esprit conscient du sujet.

Le dédoublement aveugle peut être réalisé volontairement[1] pour produire certains effets, mais se produit aussi parfois de façon inconsciente. Le double peut alors être perçu par des observateurs à l'insu de son propriétaire. Cet état à pu être vérifié de différentes façons :

1) Au cours de dédoublements collectifs. Dans ce cas, le sujet ayant exprimé le désir de se dédoubler, sa volition expulse son corps semi-matériel, mais ne donne pas au sujet une réelle impression d'être en dehors de son corps physique, son esprit conscient étant resté dans le corps physique. Le double de ce sujet apparaît alors aux participants ayant réalisé le dédoublement complet, qui verront le double aveugle du sujet se comporter de manière identique à celle observée dans le somnambulisme dans lequel participe le corps physique.

S'il vous paraît normal de croire que le somnambulisme du corps physique ne laisse aucun souvenir de son vécu, pourquoi ne croiriez-vous pas qu'il en soit également ainsi pour le somnambulisme du double?

1. Se reporter aux ouvrages intitulés *Parapsychologie pratique pour tous* et *Pratiquez la parapsychologie*, Éditions du Rocher.

2) Ce phénomène peut aussi se produire lorsque, au cours d'un dédoublement collectif, l'un des sujet, ne participant pas à l'exercice de dédoublement, reste attentif à ce qui est susceptible de se produire objectivement durant l'expérience.

3) Provoqué par la télépathie.
Trois cas sont susceptibles de se produire :

a) — Dédoublement involontaire et spontané, si un sujet télépathe pense fortement, sans l'intention de se dédoubler, à un endroit précis. Le double aveugle peut alors prendre la liberté de se rendre sur le lieu, sans en avoir reçu l'ordre.

b) — Dédoublement aveugle volontaire. Ce phénomène est susceptible de se produire lorsqu'un sujet télépathe visualise sa propre personne sur un lieu bien précis.

c) — De façon spontanée. Cette forme de dédoublement est celle qui se produit sans raison ni motivation connues.

INCORPORATION

Incorporer, du latin *incorporare*; de *in* dans, et *corpus, oris*, corps. Action qui consiste à faire qu'une chose fasse corps avec une autre.

En parapsychologie on distingue trois sortes principales d'incorporation :

— Incorporation d'un être vivant par un défunt.
— Incorporation d'un être vivant, par un être vivant.
— Incorporation de l'esprit conscient de l'être humain dans la matière ou dans les végétaux.

a) L'incorporation d'un être vivant par un défunt, ou par une intelligence non incarnée, est ce qui est désigné le plus souvent comme étant un cas de possession.

Dans 80 % des cas, il s'agit de femmes simulatrices qui finissent par éprouver les sensations qu'elles avaient imitées pour faire parler d'elles. La finalité est donc une autosuggestion.

Dans ces 80 %, il existe aussi des pseudo-possessions uniquement par suggestion qui surviennent à la suite de certaines lectures, informations audiovisuelles, ou autres...

Les convulsionnaires de Saint-Médard faisaient partie des suggestionnés, et aussi d'autosuggestionnés.

Saint Médard est mort en 1727; sur sa tombe, située au cimetière de l'église Saint-Médard, se produisaient des guérisons miraculeuses, qui attiraient de très nombreux jeunes hommes et jeunes filles. Des filles étaient soudainement prises d'exitations irrésistibles. Certaines miaulaient, d'autres se roulaient par terre, d'autres aboyaient, ou sautaient inlassablement, d'autres, encore, déchiraient leurs vêtements en criant, avec des mouvements convulsifs.

Cependant, les cas de véritables possessions par des esprits désincarnés malfaisants existent. Le Nouveau Testament y faisait déjà allusion. Je rappelle que la possession, au sens occulte du mot, est l'habitation dans un être humain d'un ou de plusieurs démons.

Nous pouvons lire dans l'évangile selon Matthieu, chapitre VIII, versets 28 à 34 :

> « Deux démoniaques guéris.
>
> Lorsqu'il fut à l'autre bord, dans le pays des Gadaréniens, deux démoniaques, sortant des sépulcres, vinrent au-devant de lui. Ils étaient si furieux que personne n'osait passer par là. Et voici, ils s'écrièrent : "Qu'y a-t-il entre nous et toi, Fils de Dieu ? Es-tu venu ici pour nous tourmenter avant le temps ?" Il y avait loin d'eux un grand troupeau de pourceaux. Les démons priaient Jésus, en disant : "Si tu nous chasses, envoie-nous dans ce troupeau de pourceaux." Il leur dit : "Allez !" Ils sortirent, et entrèrent dans les pourceaux. Et voici, tout le troupeau se précipita des pentes escarpées dans la mer, et ils périrent dans les yeux. »

Chapitre XII, versets 22 à 23 :

« Le démoniaque aveugle et muet.

Alors on lui amena un démoniaque aveugle et muet, et il le guérit, de sorte que le muet parlait et voyait. »

Évangile selon Marc, chapitre V, versets de 1 à 13 :

« Un démoniaque guéri.

Ils arrivèrent au bord de la mer, dans le pays des Gadarréniens. Aussitôt que Jésus fut hors de la barque, il vint au-devant de lui un homme, sortant des sépulcres et possédé d'un esprit impur. Cet homme avait sa demeure dans les sépulcres, et personne ne pouvait plus le lier, même avec une chaîne, car souvent il avait eu les fers aux pieds et avait été lié de chaînes, mais il avait rompu les chaînes et brisé les fers, et personne n'avait la force de le dompter. Il était sans cesse, nuit et jour, dans les sépulcres et sur les montagnes, criant, et se meurtrissant avec des pierres. Ayant vu Jésus de loin, il accourut, se prosterna devant lui, et s'écria d'une voix forte : "Qu'y a-t-il entre moi et toi, Jésus, Fils de Dieu Très haut? Je t'en conjure au nom de Dieu, ne me tourmente pas." Car Jésus lui disait : "Sors de cet homme, esprit impur." Et il lui demanda : "Quel est ton nom? — Légion est mon nom, lui répondit-il, car nous sommes plusieurs." Et il le priait instamment de ne pas les envoyer hors du pays. Il y avait là, vers la montagne un grand troupeau de pourceaux qui paissaient. Et les démons le prièrent, en disant : "Envoie-nous dans ces pourceaux, afin que nous entrions en eux." Il le leur permit. Et les esprits impurs entrèrent dans les pourceaux, et le troupeau se précipita des pentes escarpées, et ils se noyèrent dans la mer, il y en avait environ deux mille. »

Évangile selon Luc, chapitre IV, versets 31 à 36 :

« Guérison d'un démoniaque, etc.

Il descendit à Capharnaüm, ville de la Galilée; et il enseignait, le jour du sabbat. On était frappé de sa doctrine, car il parlait avec autorité. Il se trouva dans la synagogue un homme qui avait un esprit de démon impur, et qui s'écria d'une voix forte : "Ah! qu'y a-t-il entre nous et toi, Jésus de Nazareth? Tu es venu pour nous perdre. Je sais que tu es le Saint de Dieu." Jésus le menaça, disant : "Tais-toi, et sors de cet homme." Et le démon le jeta au milieu de l'assemblée, et sortit de lui, sans lui faire aucun mal. »

Évangile selon Luc, chapitre VII, versets 21 à 22 :

« A l'heure même, Jésus guérit plusieurs personnes de maladies, d'infirmités, et d'esprits malins. »

Évangile selon Luc, chapitre IX, versets 39 à 43 :

« Guérison d'un démoniaque.

Le lendemain, lorsqu'ils furent descendus de la montagne, une grande foule vint au-devant de Jésus. Et voici, du milieu de la foule, un homme s'écria : "Maître, je t'en prie, porte les regards sur mon fils car c'est mon unique. Un esprit le saisit, et aussitôt il pousse des cris; et l'esprit l'agite avec violence, le fait écumer, et a de la peine à se retirer de lui, après l'avoir tout brisé. J'ai prié tes disciples de le chasser, et ils n'ont pas pu. — Race incrédule et perverse, répondit Jésus, jusqu'à quand serai-je avec vous, et vous supporterai-je? Amène ici ton fils." Comme il approcha, le démon le jeta par terre, et l'agita avec violence. Mais Jésus menaça l'esprit impur, guérit l'enfant, et le rendit à son père. Et tous furent frappés de la grandeur de Dieu. »

L'abbé Julio, archevêque métropolitain de l'Église catholique française, a écrit un grand livre dans lequel on trouve tous les grands exorcismes de l'Église : *Le Livre secret des grands exorcismes et bénédictions*, Éditions Niclaus, Bussière successeur, 1970.

Personnellement, j'ai rencontré plusieurs personnes possédées de cette sorte, et je dois avouer que cette sorte de combat n'est pas sans risque.

Je recommande aux néophytes de ne pas intervenir, dans de semblables cas, sans avoir une très bonne maîtrise de ce qu'ils doivent dire et faire, car les obstacles susceptibles d'être rencontrés sont parfois dangereux et inattendus.

b) L'incorporation d'un être vivant par un être vivant est plus fréquente que celle pratiquée par les désincarnés. Je cite dans mon ouvrage *Pratiquez la parapsychologie*, p. 115 :

> « En effet, il est possible au corps éthérique d'un être humain en état de dédoublement d'occuper le corps physique d'une autre personne qui est aussi en état de dédoublement. Aussi incroyable que cela puisse paraître, cette possibilité a été expérimentée. À titre d'exemple, je cite cette expérience faite par deux de mes élèves, durant l'un de mes cours, pour satisfaire leur curiosité :
>
> Mme M. se sentit métamorphosée, dit-elle, et ajouta : "Ce n'est pas croyable ce que cela peut-être agréable de se sentir un homme !"
>
> Quant à M. V., voici son appréciation : "C'est étrange cette impression que je ressens dans tout mon corps... et ces chaussures qui me font mal aux pieds..." »

Ayant questionné Mme M. à la suite de cette expérience, elle me dit que, effectivement, ses chaussures lui faisaient mal, elles étaient neuves et pas encore assouplies.

Cette expérience n'a duré que quelques minutes, pour ne pas qu'il y ait accoutumance, sait-on jamais ?

Il est bien évident que ces sortes d'expériences n'ont été faites que pour authentifier le phénomène d'incorporation, au point de vue « scientifique », si je puis dire. En plus elles expliquent aussi une certaine forme de possession, qui se produit heureusement assez rarement, lorsque des personnes se dédoublent inconsciemment.

Je recommande aux personnes ne possédant par une longue expérience du dédoublement de ne pas se hasarder dans de telles expériences, qui d'ailleurs ne présentent aucune utilité.

c) Incorporation de l'esprit conscient d'un être humain dans la matière ou dans les végétaux.

Il ne faut pas confondre l'incorporation dans la matière avec le « voyage » au sein de la matière, qui consiste à réduire notre double conscient au maximum afin d'explorer l'infiniment petit. L'incorporation est, en quelque sorte, une interprétation, qui pourrait être comparée à de l'eau entrant dans une éponge, pour en occuper le volume.

Lundi 8 décembre 1980 à 3 heures du matin,
« J'ai incorporé la terre ».

Je m'étais relaxé en m'étendant sur le ventre, sur mon lit, bras et jambes légèrement écartés, les avant-bras un peu repliés, de façon que mon corps physique soit entièrement détendu. Puis désirant me confondre avec la terre, je me suis dédoublé.

Dans la position où je m'étais mis, le phénomène de décorporation de mon être réel et mon incorporation dans la planète terre se produisirent instantanément. Je perdis totalement la sensation de mon corps physique, ce qui est la conséquence normale d'un réel dédoublement. Je baignais dans tout le volume de la terre, et vivais sa propre vie... J'étais la terre... Je me voyais... Mon corps était la terre... J'évoluais dans l'espace interstellaire qui vivait autour de moi... J'étais émerveillé.

Mon émotion était grande... Je ne cessais de dire : « C'est beau.. C'est beau. »

Je me sentais en terre, comme s'il s'agissait de mon propre corps. Jamais je n'avais occupé un tel volume... C'était merveilleux. Non seulement je voyais, mais je vivais aussi l'existence de cette planète... Je n'avais absolument pas conscience que ma « peau » (la surface de la terre) était le théâtre de manifestations humaines, végétales et autres créatures.

J'avais une sensation de plénitude ineffable, ne sentais aucune fatigue, aucune contrariété... C'était sublime !

Vendredi 3 avril 1987.

Ce jour-là, j'ai voulu incorporer l'une de mes cellules. J'étais une cellule de peau de ma main droite, qui regardait mon visage. Ma conscience n'était plus la même. Le visage du corps auquel j'appartiens me semblait tout différent. La main à laquelle j'étais intimement lié, étant placée légèrement devant mon corps physique, au niveau de la taille, me laissait observer ma tête qui me semblait énorme, dominatrice, comme étant placée au sommet du donjon d'un château fort... Mes yeux semblaient veiller, être aux aguets de je ne sais quoi, et me sentais sécurisé par cette sorte de vigilance. J'avais perdu toute notion du monde extérieur.

Depuis cet instant je cherche à mieux comprendre l'harmonie des intelligences cellulaires en mon corps physique, et y découvre tout un monde dépendant de ma façon de vivre, régi en grande partie par mon inconscient, qui semble être une ligne de démarcation entre ma propre personnalité et les cellules de mon corps.

Depuis, une sorte de métamorphose s'est opérée en moi. La sensation que j'éprouve pour mes cellules ressemble un peu à celle que j'ai lorsqu'un petit enfant me tend la main. Cela peut paraître insensé, et je crois qu'il est préférable que je ne m'étende pas plus sur ce sujet. Cependant, il serait bon, pour ceux qui aiment la vie, d'avoir l'occasion, non pas d'explorer, mais de vivre, de ressentir ce phénomène extraordinaire qu'est cette forme de substitution de la conscience.

OBSERVATION SUR L'IMPOSITION DES MAINS

Les énergies et l'imposition des mains

Avant de commencer, mettons les choses au point sur certaines confusions ou erreurs d'interprétation, que j'eus souvent l'occasion d'entendre :

« J'ai des trous dans mon aura... »

« Mon aura est déplacée... »

« J'ai vu l'aura d'un défunt... », etc.

Une aura ne peut être déplacée; ayant ses « racines » intimement liées le long et dans la colonne vertébrale, elle ne peut que suivre les ondulations attribuées à une déformation de la colonne vertébrale, « scoliose, etc. ».

Il ne se trouve pas de trou dans les auras, comme il s'en trouve dans un gruyère. Le mot « trou » est mal approprié. Il ne peut y avoir de trou dans une aura, mais des creux ou des bosses sur son pourtour, qui correspondent, dans le premier cas, à un manque d'énergie à ce niveau et, dans le deuxième cas, à un excès d'énergie. Ce phénomène peut être perçu visuellement par les personnes entraînées à la perception des auras, mais peut également être perçu par « palpation ». En ce qui concerne l'aura des défunts, il ne peut en être question, étant donné qu'elle est tributaire du corps physique et disparaît totalement au moment de la mort. Par contre, des luminosités circulaires bleu et rouge appelées corps subtil d'après vie (CSAV)[1] sont susceptibles d'être perçues[2].

L'imposition des mains, bien connue des Asséniens qui l'utilisèrent dans de nombreuses circonstances, consistait, selon mes observations :

— à vérifier le contour de l'aura à rééquilibrer et, si cela se révélait nécessaire, détecter les éventuels creux ou bosses ainsi que le volume.

A la suite de l'observation il peut être constaté quatre cas principaux :

a) Volume normal, bien uniforme.
b) Aura de faible volume.
c) Aura présentant une ou plusieurs bosses.
d) Présentant un ou plusieurs creux.

a) Dans le premier cas, pas de problème.
b) Indique une faiblesse énergétique générale.
c) Signale une faiblesse énergétique localisée.
d) Signale un excès d'énergie.

Ensuite, le thaumaturge, tendant un bras, la paume relevée, les doigts légèrement repliés, dans la direction du malade, au niveau où se situe l'anomalie, prononçait avec autorité l'une des formules suivantes :

« Guéris ! je le veux ! », ou « Que le mal s'éloigne de toi pour toujours ! », « Va, tu es guéri ! » ou d'autres ordres de ce type. Cela en visualisant le malade, redevenu en

1 et 2. Termes créés par Raymond Réant, pour désigner la luminosité bleu et rouge photographiée au cours d'une apparition du fantôme de Lucie au château de Veauce, dans l'Allier.

pleine santé. Cette visualisation, synchronisée avec l'ordre, devait revêtir l'apparence de la réalité. A ce moment précis, l'énergie vitale qui, naturellement transfuse par simple désir ou spontanément sans en avoir l'intention, augmente son débit de façon considérable. Remarque : le thaumaturge ne semble pas tenir compte de la polarité de ses mains, l'inversion se faisait automatiquement au niveau de sa septième vertèbre cervicale, si cela était nécessaire.

Ce phénomène se produit également chez les guérisseurs contemporains de qualité, qui pratiquent l'imposition des mains. Lorsque l'action est dirigée sur une personne ayant une diminution d'énergie aurique générale, les couleurs correspondant aux six centres d'activité énergétiques du corps humain, qui s'échappent normalement en petite quantité des mains, sortent alors avec une forte concentration.

L'action dirigée vers un creux fait apparaître, sortant de la main de l'opérateur, une forte prédominance de la couleur qui correspond au centre le plus proche, ou de deux couleurs, si le creux se situe entre deux centres d'énergie du sujet visé. Lorsqu'il s'agit d'une action dirigée vers une bosse, il peut alors se produire deux phénomènes différents ; 1 : la main de l'opérateur absorbe l'énergie en excès et la dirige vers son, ou ses centres correspondants, ce qui peut en certains cas provoquer des troubles chez ce dernier ; 2 : dans le second cas, l'énergie de même couleur sortant de la main de l'opérateur repousse celle du sujet, et l'énergie en excès se trouve « dégagée ». Ceci n'est qu'une apparence extérieure, en réalité il se produit une réaction au niveau des centres énergétiques du sujet traité.

SURACTIVITÉ DES VORTEX POUR L'ACQUISITION DES POUVOIRS SPIRITUELS

Dans la doctrine du yoga tibétain et hindou, après un enseignement rigoureux, le disciple concentre sa pensée à la base de son épine dorsale, au niveau de la cinquième lombaire et du coccyx, où réside la « déesse Kundalini », couchée sur un lotus, un serpent enroulé autour d'elle. La volonté du disciple se focalise sur cette déesse qu'il désire éveiller.

Après de longs et patients exercices de concentration, méditation et visualisation, peu à peu cette déesse s'éveille, et, lorsqu'elle est parfaitement éveillée, le serpent darde une langue trifide qui pénètre dans les trois nadis (forces longeant la moelle épinière). Le disciple éprouve alors une sensation de chaleur dans la région du plexus sacré, et les énergies commencent leur ascension.

Il s'agit là d'un très petit aperçu de cette méthode qui consiste à suractiver les vortex (chakras) en faisant monter des énergies dans et autour de la colonne vertébrale, mais cette montée d'énergie n'est pas sans danger pour les novices. En effet, l'ascension trop rapide des énergies est susceptible de provoquer des troubles très graves. Il est donc recommandé de ne pas utiliser les méthodes « d'éveil » de cet ordre, sans les directives d'un guide hautement qualifié en la matière.

Pour éviter le risque d'une montée trop rapide des énergies, je propose les méthodes décrites dans mes ouvrages[1] qui évitent ce risque. Voici pourquoi :

En dehors de l'alimentation matérielle, l'être humain capte la plus grande partie de ses forces vitales par la respiration et par le « cône de lumière ».

La respiration apporte à l'organisme, par les échanges gazeux entre les tissus vivants et le milieu extérieur, l'oxygène nécessaire à la combustion, au sein des tissus, des matériaux de nutrition, et dégage en le rejetant l'acide carbonique produit par ces combustions, mais aussi capte trois principales sortes d'énergies vitales, qui sont canalisées jusqu'à la base de la colonne vertébrale, entre la cinquième vertèbre lombaire et le coccyx (plexus sacré), où elles se séparent. L'une remonte en circulant à l'intérieur de la colonne vertébrale, les deux autres s'engagent également entre la cinquième vertèbre lombaire et le coccyx, pour remonter en s'entrecroisant le long de la colonne vertébrale, mais à l'extérieur.

Ces énergies circulent naturellement chez tous les êtres humains. Ces trois énergies, formant des vortex qui alimentent une partie des plexus nerveux, circulent au travers et hors du corps physique, constituant l'aura.

Le cône de lumière, ainsi appelé parce qu'il s'agit d'une source énergétique qui se présente à la vue du clairvoyant sous l'apparence d'un cône lumineux de couleurs très pures, qui venant en continu de l'extérieur, dans sa par-

---

1. Pour les méthodes, vous reporter aux ouvrages précédents déjà cités.

tie la plus large, se réduit progressivement jusqu'au sommet du crâne, alimentant certaines fonctions psychiques du corps humain, en s'introduisant entre les deux hémisphères du cerveau.

Cette source d'énergie ne se confond pas avec celle provenant de la respiration, ce qui est représenté par une séparation ou ligne de rupture indiquant le trajet des trois énergies émanant de la respiration (fig. A).

Par la méthode orientale, il est donc de première importance de maîtriser la montée des énergies vitales qui, lorsqu'elles commencent leur ascension, peuvent parfois s'emballer, et « embraser » le corps physique. Je pense que les combustions spontanées du corps physique, heureusement assez rares, sont provoquées par une montée brusque et involontaire de cet ensemble d'énergies, nommées par certaines doctrines tibétaines, « feu serpent ».

En ce qui concerne les méthodes que j'enseigne, le principe est en quelque sorte à l'inverse de celle que je viens succinctement de décrire. En effet, au lieu de suractiver les vortex en commençant par le bas de la colonne vertébrale, je propose de débuter par le haut, c'est-à-dire de suractiver le centre de la clairvoyance par des exercices répétés[1].

Ces énergies, qui par nature se dirigent du bas vers le haut, se trouvent arrêtées dans leur ascension au niveau de la glande pinéale, qui ne peut être dépassée que par un sujet possédant une très haute spiritualité. Alors, lorsque ce centre se trouve suractivé, les énergies, ne pouvant pas monter, fluctuent entre le sixième et le cinquième vortex. Ce mouvement alternatif entre les deux vortex continue jusqu'au moment où ce dernier se suractive, ce qui se fait que très lentement. Puis les énergies fluctuent à nouveau entre le cinquième et quatrième vortex, et ainsi de suite. Mais il ne faudrait surtout pas croire que cela se fait facilement. Le développement des facultés psychiques par suractivation des vortex demande beaucoup de patience et d'entraînement.

1. Pour les méthodes, vous reporter aux ouvrages précédents déjà cités.

Figure A

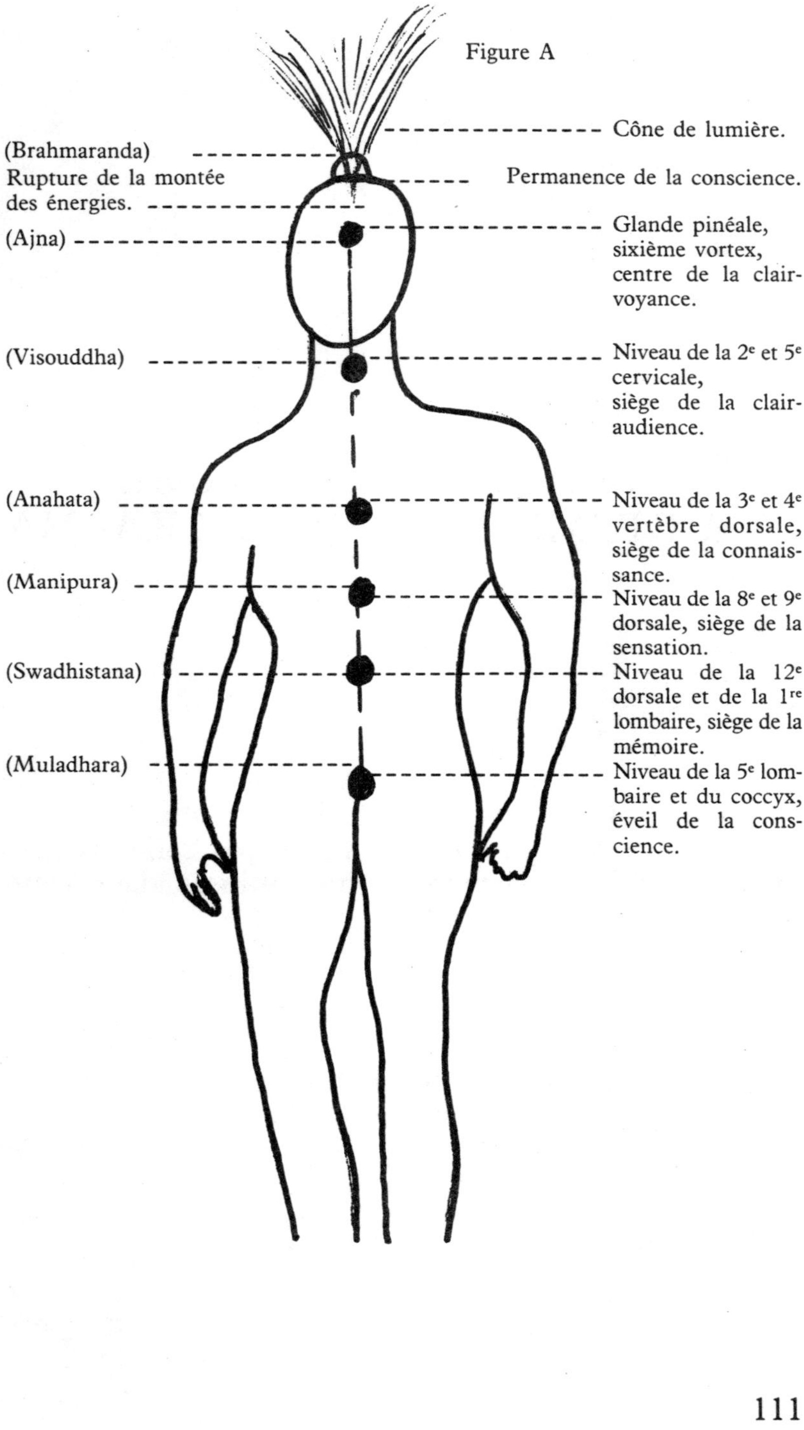

(Brahmaranda)
Rupture de la montée des énergies.
(Ajna)
(Visouddha)
(Anahata)
(Manipura)
(Swadhistana)
(Muladhara)
Cône de lumière.
Permanence de la conscience.
Glande pinéale, sixième vortex, centre de la clairvoyance.
Niveau de la 2e et 5e cervicale, siège de la clairaudience.
Niveau de la 3e et 4e vertèbre dorsale, siège de la connaissance.
Niveau de la 8e et 9e dorsale, siège de la sensation.
Niveau de la 12e dorsale et de la 1re lombaire, siège de la mémoire.
Niveau de la 5e lombaire et du coccyx, éveil de la conscience.

LA PSYCHOMORPHOLOGIE, LA MÉTEMPSYCOSE ET LE KARMA

Afin de faciliter la compréhension de ce qui va suivre, voici, pour ceux qui n'en n'auraient pas connaissance, la définition de quelques termes utilisés dans cette étude.

KARMA

Rappel. — Selon les religions de l'Inde, le karma est l'enchaînement des choses en rapport avec les lois de réincarnation. Le karma est, en quelque sorte, la récolte de ce que nous avons semé dans les incarnations précédentes. Autrement dit, il s'agit du bilan des vies passées, des vies antérieures.

Ici Raymond Réant rapporte ses résultats d'expériences en cours d'exécution au sein de la matière, qu'un magnétophone enregistre au fur et à mesure du déroulement de l'exploration extra-sensorielle.

Avec nos amies les plantes nous entrons dans le merveilleux monde du « silence ». Elles transmettent, à ceux qui savent les écouter, le sens du discernement et de la sagesse. Dans leur vie contemplative, elles accumulent un savoir qui nous transporte vers des horizons insoupçonnés.

C'est dans cet ensemble d'ustensiles de laboratoire que, durant les cours effectués par Raymond Réant, se font toute une série d'entraînements parapsychologiques et tout particulièrement des exercices de dédoublement, dit « contractés ».

Les ossements, comme les pierres, parlent et racontent leur histoire.

Métempsycose

Du grec *meta*, qui indique changement, en, dans, et *psukhê*, âme. Il s'agit là de la transmigration des âmes d'un corps dans un autre, par exemple la réincarnation de l'âme d'un homme dans le corps physique d'un chien, d'un chat, d'un serpent, etc. Ce dogme a été admis dans l'Antiquité par plusieurs peuples orientaux, et actuellement en Inde, au Tibet, etc.

Psychomorphologie

La psychomorphologie, psycho, du grec *psukhê*, âme, morpho, du grec *morphê*, forme, et logie, de *logos*, traité.
La différence d'analogie entre la physiognomonie et la psychomorphologie est la suivante.

En plus de l'art de connaître le caractère des hommes d'après leur physionomie, en parapsychologie, le terme « psychomorphologie » est utilisé pour désigner l'étude de la forme extérieure de l'homme, modelée par l'âme, dans la ressemblance qu'il peut avoir avec un animal, et le karma.

La psychomorphologie semble être synonyme du mot métempsychose, tel qu'il a dû être pensé par les Anciens, mais ce n'est pas le cas. En effet, dans les expériences sur les réincarnations que j'ai réalisées personnellement, et aussi avec mes élèves, il n'a jamais été constaté un seul cas d'incarnation d'âme humaine, dans le corps physique d'un animal. Par contre, certains traits d'animaux peuvent êtres reconnus dans les incarnations humaines, cela étant généralement intimement lié au comportement du sujet dans des incarnations précédentes. Ceci mis à part des quelques cas particuliers que l'on rencontre parfois, qui sont le plus souvent dus à un choc psychologique de la maman, durant la période de grossesse.
L'allure et le visage de certaines personnes font par exemple penser à un chat, ce qui dénonce chez elles un

caractère flatteur et cruel. Plus le caractère du sujet se renforce en ce sens, d'une vie à l'autre, plus la ressemblance sera frappante.

La morphologie « animale » d'un individu est susceptible de se transformer lentement s'il modifie sa façon de penser.

« Je me sers d'animaux pour instruire les hommes. »
LA FONTAINE

LE VAMPIRISME

Selon les croyances du passé, les vampires étaient des morts dans lesquels s'étaient incorporées des entités astrales, qui sortaient de leur tombeau la nuit, pour sucer le sang des vivants.

Certaines personnes croient encore en l'existence de tels vampires. Personnellement, jusqu'à ce jour où j'écris ces lignes, je n'ai trouvé aucune trace de ce genre de monstre. Par contre, comme beaucoup de parapsychologues, je crois qu'il existe des individus qui aspirent le fluide vital d'autrui, et s'en nourrisent, dans une certaine mesure.

Le vampirisme se présente sous différentes formes.

LE VAMPIRISME INCONSCIENT

Il peut être produit tout naturellement, et de façon

inconsciente, par une personne énergétiquement faible, dans certains cas. Les victimes sont le plus souvent des personnes très sensibles, émotives, très nerveuses. Il s'agit, en quelque sorte, d'un transfert d'énergie, que l'on peut comparer à l'équilibre qui se fait dans deux vases communicants, dans la forme la plus simple, mais il peut se produire également une « aspiration » susceptible de vider totalement, ou en partie, la victime. Il y a des kinésithérapeutes qui se sentent « pompés » par certains clients, et par d'autres, au contraire, se sentent « vitalisés ». Ceci est un exemple de transfert inconscient d'énergie.

LE VAMPIRISME SEMI-CONSCIENT

Cela peut se produire si une personne malade, ou en état de faiblesse, croit, en toute sincérité, qu'en touchant un être qui lui paraît spirituellement supérieur elle sera guérie, ou « rechargée ». Bien sûr, dans ce cas il peut se produire aussi que la personne guérisse, ou se sente « revitalisée » uniquement par autosuggestion, intimement liée à un acte de foi. Nous pouvons lire dans l'évangile selon Matthieu, chapitre IX, versets 20, 21, 22 :

> « Et voici qu'une femme atteinte d'une perte de sang depuis douze ans s'approcha par-derrière Jésus et toucha le bord de son vêtement. Car elle disait en elle-même : "Si je puis seulement toucher son vêtement, je serai guérie." Jésus se retourna et dit : "Prends courage, ma fille, ta foi t'a guérie." Et cette femme fut guérie à l'heure même. »

Selon ce témoignage, nous serions tentés de croire qu'il s'agissait là d'une guérison obtenue par autosuggestion de la malade, dynamisée par la foi qu'elle avait de guérir en touchant le vêtement de Jésus, mais ce n'est pas tout. Selon l'évangile de Luc, au chapitre VIII, versets 43 à 46, il semblerait qu'il y eut une forme de vampirisme, sous une forme tout à fait positive.

Évangile selon Luc :

« Or, il y avait une femme atteinte d'une perte de sang depuis douze ans, et qui avait dépensé tout son bien pour les médecins, sans qu'aucun eût pu la guérir. Elle s'approcha par-derrière, et toucha le bord du vêtement de Jésus. Au même instant la perte de sang s'arrêta. Et Jésus dit : "Qui m'a touché?" Comme tous s'en défendaient, Pierre et ceux qui étaient avec lui dirent : "Maître, la foule t'entoure et te presse, et tu dis : Qui m'a touché?" Mais Jésus répondit : "Quelqu'un m'a touché, car j'ai connu qu'une force était sortie de moi." » Etc.

Dans cette deuxième version, la transfusion d'énergie est bien formulée.

Le vampirisme volontaire

Il y a aussi le vampirisme volontaire. Lorsque le thaumaturge impose ses mains sur une personne malade, il lui transmet une certaine forme d'énergie, se faisant ainsi volontairement vampiriser, pour le bien-être de son prochain. Parfois même, la perte d'une quantité de son énergie est si rapide qu'il doit interrompre son intervention.

Le vampirisme conscient

Il existe de véritables vampires conscients de leur état, qui « pompent » sciemment le fluide vital des personnes qui les approchent. En général, ce type de vampire se reconnaît à son comportement, toutes les occasions sont bonnes pour toucher sans cesse sa proie.

Les transferts d'énergie peuvent également être effectués à distance, de façon consciente, inconsciente ou semiconsciente. Il n'est pas rare qu'une personne en état de faiblesse énergétique, de fatigue ou maladie fasse mentalement appel à une personne connue pour les secours spirituels qu'elle apporte à ses semblables.

En général, la personne qui demande de l'aide le fait en visualisant la personne en qui elle croit, mais le plus souvent en regardant la photographie de cette personne. Il s'agit là d'une forme semi-consciente de vampirisme, provoquée par le demandeur qui en faisant appel ignore qu'il attire vers lui de l'énergie aux dépens de la personne qu'il sollicite.

Dans ce cas il peut se produire différents phénomènes :

1. Le demandeur est susceptible de ressentir les effets recherchés uniquement par autosuggestion.
2. Il peut se produire un transfert. Dans ce deuxième cas, le donneur, inconscient de ce qui lui est demandé, ressent, au moment même ou le sujet reçoit une énergie qui sort de lui, (comme ce fut le cas pour Jésus, précédemment cité), une fatigue qui se manifeste brusquement, sent ses forces diminuer, comme s'il s'agissait d'hypoglycémie. La durée de ces sensations demeure généralement très courte, allant d'une minute à un quart d'heure pour les personnes bien portantes. Lorsqu'une personne sollicitée à son insu est en manque d'énergie, elle ne peut rien donner, le demandeur ne ressent aucun changement et il s'établit naturellement un « barrage », étant donné que, de cette façon, le « donneur » est lui-même demandeur, qu'il en soit conscient ou pas.

   Lorsque le demandeur est conscient, il peut alors se produire entre les deux individus un pont télépathique et, sans que le donneur le sache, une légère sensation de froid est susceptible d'être perçue.

   Cette forme de vampirisme ne semble valable que si la personne sollicitée, sans qu'elle en soit avertie, n'exprimait aucun refus, si la demande lui était formulée de vive voix.

Chez l'être humain spirituellement élevé, l'inconscient n'attend pas l'ordre du « maître », il agit tout naturellement en fournissant l'énergie au demandeur, de la même façon qu'il régit de nombreuses fonctions du corps dans lequel il habite.

Il n'y a rien là de paradoxal, l'inconscient, instruit par

le subconscient, présente une certaine analogie avec ce qui est enseigné dans le Nouveau Testament, dans la première épître de Paul à Timothée, chapitre V, versets 22 et 24.

Verset 22 :

> « N'impose les mains à personne avec précipitation et ne participe pas aux péchés d'autrui : toi-même conserve-toi pur. »

Verset 24 :

> « Les péchés de certains hommes sont manifestes, même avant qu'on les juge, tandis que chez d'autres ils ne se découvrent que dans la suite. »

Lorsque l'on observe une personne en train de se faire vampiriser, l'on constate que l'aura de cette personne diminue tandis que l'aura de celle qui vampirise augmente systématiquement. Bien souvent, les personnes vampirisées ressentent une impression de froid, au moment même où se produit le phénomène. Cette sensation est beaucoup plus intense lorsque le vampirisme est effectué par un défunt. Ce phénomène a été fréquemment observé, ce fut le cas de l'étude faite avec le fantôme de Lucie[1]. « Nous eûmes l'impression très nette que la température ambiante s'abaissait, une sensation de froid fut constatée par tous durant quelques instants... J'entendis des soufflements entrecoupés qui s'échappèrent des lèvres des participants. » J'ai beaucoup étudié cette manifestation de froid et, selon mes observations, les sujets vampirisés, principalement par des défunts, ressentent cet effet à la suite d'une diminution brusque de l'énergie vitale des sujets.

Certaines conditions d'apparitions de défunts favorisent cet effet, sans que la température du lieu de l'apparition soit modifiée au moment où se produit la manifestation du phénomène, et sans qu'il y ait un effet psychologique pouvant être dû à la peur.

---

1. *La Parapsychologie et l'invisible*, p. 34, Éditions du Rocher.

TRIPLE EXPÉRIENCE DE PARAPSYCHOLOGIE ET TESTS

Cours du samedi 21 février 1987 à 14 h 30.

Vingt participants sont assis dans une salle de cours. Je demande à l'un d'entre eux de se placer dans une pièce contiguë. Lorsque je frapperai à la porte, lui dis-je, vous devrez vous imaginer être dans la salle de cours, et voir quelle sera la personne qui se lèvera et ira prendre la boule en matière plastique, placée sur mon bureau; lorsque je vous demanderai, dans trente à soixante secondes environ, de revenir dans la salle de cours, si vous n'avez pu identifier la personne « cible », vous devrez alors saisir la boule de plastique et faire une psychopathotactie, en formulant le désir de savoir quelle est la dernière personne qui a touché cette boule. Et si, malgré ces deux tentatives, vous n'avez toujours pas obtenu de résultat, alors, devant chaque personne présente dans la salle, l'une après l'autre, vous devrez, étant debout, les deux pieds serrés l'un contre l'autre, les yeux fermés, la boule témoin dans une main, ou sans cette boule puisque vous l'avez déjà touchée pour effectuer une psychopathotactie, tendre un bras en avant et, la paume de la main bien relevée, formuler la volonté de reconnaître la personne « cible ». Lorsque vous serez placé devant une personne qui n'est pas la « cible », vous serez attiré vers l'arrière, mais lorsque vous vous trouverez face à la personne « cible », vous serez attiré vers elle.

Par la suite, quand après plusieurs expériences vous aurez atteint une grande sensibilité, vous pourrez opérer les yeux ouverts, en marchant lentement devant toute une rangée de personnes à examiner.

Dans l'ensemble des groupes d'élèves, les résultats obtenus sont :

— avec une seule personne « cible » . . . . . 85 % positifs
— avec deux personnes « cibles » . . . . 80 %
— avec le groupe des anciens élèves . . . . . 98 %

A la suite de cette triple expérience, j'ai demandé à chacun des élèves de faire l'exercice suivant. Pendant que l'un des élèves sera dans la salle contiguë, les participants devront choisir un sujet « cible » dans la salle de cours, et repousser l'élève lorsqu'il passera devant une personne qui ne sera pas la « cible ». Le sujet devra, les bras le long du corps, marquer un temps d'arrêt devant chaque participant en fermant les yeux, les deux pieds réunis.

Cela ce fit avec dix élèves qui faisaient cet exercice pour la première fois. Je me plaçai sur le côté de chacune des personnes qui expérimentaient, afin d'éviter, éventuellement, une chute.Il se produisit à quelques reprises que l'élève en exercice fut déséquilibré sur la droite, ou sur la gauche, vers l'élève « cible », lorsque ce dernier se trouvait placé un peu plus loin, sur la droite ou sur la gauche de l'élève en exercice.

Les résultats furent remarquables. Répété avec chacun des participants, il n'y eut aucun échec.

La même expérience fut reproduite par la suite avec de

très bons élèves lorsqu'un élève en exercice se déplaçait lentement, les yeux ouverts, devant les participants, eux aussi en activité.

Test de sensibilité psychique

Il s'agit là d'un test bien connu des magnétiseurs, pour détecter la sensibilité d'un individu, vis-à-vis du magnétisme curatif ou de l'hypnose, mais ce qui va suivre fait aussi ressortir non seulement la sensibilité susdite, mais aussi celle qui se rapporte à la clairvoyance, clairaudience, télépathie, psychopathotactie, en bref, généralement à toutes les facultés utilisées en parapsychologie pratique.

Processus :

La personne à tester étant debout, les yeux ouverts, l'opérateur place une main au niveau de chaque omoplate du sujet, en les touchant très légèrement, et lui dit mentalement : « Vous allez être attiré en arrière... »

Et, en éloignant lentement et progressivement ses mains : « Ça y est... Vous basculez... Vous basculez... Vous basculez. »

Si le sujet ne bouge pas, il faut recommencer l'opération, mais cette fois-ci à voix basse, lente et monocorde. Dans les deux cas, le sujet sensible se sent déséquilibré et attiré en arrière. Cette attraction peut aussi être effectuée vers l'avant, ou sur les côtés, mais celle-ci s'avère moins facile pour retenir la personne en déséquilibre.

Remarque :

A la suite de tests effectués sur un grand nombre de personnes, j'ai remarqué que celles qui ne se déséquilibrent pas à la suggestion mentale, c'est-à-dire télépathique, ni à la suggestion orale n'obtiennent généralement pas de résultats positifs dans mes cours.

Celles qui ne sont sensibles qu'à la suggestion orale n'ont que des résultats moyens.

Et celles qui se déséquilibrent à la suggestion télépathique se révèlent être de très bonnes sensitives.
Donc, en pratique :

A) Forte sensibilité à la suggestion télépathique	progrès très rapide dans le développement des facultés psychiques.
B) Faible sensibilité à la suggestion télépathique	progrès moyen.
C) Aucune sensibilité à la suggestion télépathique, mais sensibilité à la suggestion orale	progresse difficilement.
D) Aucune sensibilité à la suggestion télépathique ni orale	aucun progrès durant tout le temps que la sensibilité au test ne se fera pas ressentir.

J'ai remarqué, dans mes cours, que certaines personnes insensibles durant la première année le devenaient au bout de la deuxième, mais aussi, hélas! d'autres (environ 4 %) beaucoup plus rares, heureusement, restent insensibles.

Il ne faudrait surtout pas croire qu'une personne sensible à ce test ne puisse uniquement recevoir des sensations, en réalité elle a la possibilité d'exercer ses facultés dans les deux sens : recevoir, mais aussi agir, donner, etc.

LA TÉLÉPATHIE

Suite des précédents ouvrages : *Parapsychologie pratique pour tous, Pratiquez la parapsychologie, La Parapsychologie et l'invisible*, Éditions du Rocher.

La télépathie, plus précisément appelée « psychotélépathie », du grec *psukhê* (âme), *têlé* (au loin) et *pathos* (affection).

La télépathie est la communication de pensées, d'idées, d'émotions ou de sensations, etc., qui ne fait pas appel aux cinq sens habituels, entre une ou plusieurs personnes ou animaux.

Le terme « télépathie » a été choisi en 1886, par Frédéric Myers, alors membre de la Société pour la recherche psychique de Londres. La psychotélépathie est susceptible de se produire spontanément, c'est-à-dire, sans être recherchée, le plus fréquemment lorsqu'une personne gravement menacée, ou fortement motivée, pense intensément à un être qui lui est cher. Dans ce cas, la représentation du sujet motivé est susceptible d'être perçu par l'être cher, sans qu'un mécanisme volontaire n'intervienne.

La psychotélépathie permet, à la suite de longs et patients exercices, d'obtenir des résultats très divers.

Pour bien maîtriser la psychotélépathie, il est avantageux de la développer de façon bien compartimentée, c'est-à-dire s'entraîner, en utilisant séparément chacun des « psycho-sens ».

Pour la psychotélépathie générale, se reporter aux ouvrages précédents.

Nous allons à présent étudier les formes suivantes de la psychotélépathie :

1) La psyvideretélépathie :

Du grec *psukhê*, âme, du latin *videre*, voir, du grec *têlé*, loin, et de *pathos*, affection (sensation éprouvée par un sujet).

— Transmission psychique, à distance, d'une sensation visuelle.

2) La psyodorotélépathie :

Du grec *psukhê*, âme, du latin *odor*, sensation que produisent sur l'odorat certaines émanations, du grec *têlé*, loin, et de *pathos*, affection.

— Transmission psychique, à distance, de la sensation d'une odeur.

3) La psychosaportélépathie :

Du grec *psukhê*, âme, du latin *sapor*, saveur, du grec *têlé*, loin, et de *pathos*, affection.

— Transmission psychique, à distance, de la sensation d'une saveur.

4) La psychosonotélépathie :

Du grec *psukhê*, âme, du latin *sonus*, son, du grec *têlé*, loin, et de *pathos*, affection.

— Transmission psychique de la sensation d'un son, ou d'une information sonore, au loin.

5) La psychotactotélépathie :

Du grec *psukhê*, âme, du latin *tactus*, toucher, du grec *têlé*, loin, et de *pathos*, affection, sensation.
— Tranmission psychique, à distance, de la sensation du toucher.

6) Le psychotéléenregistrement :

Du grec *psukhê*, âme, du latin *registrum* ou *regestrum*, livre où l'on inscrit les actes.
— Enregistrement à distance, sur un objet, par voie psychique.

LA PSYVIDERETÉLÉPATHIE

TRANSMISSION PSYCHIQUE, A DISTANCE, DE SENSATIONS VISUELLES

MÉTHODE

En psyvideretélépathie, il y a l'agent (émetteur), personne qui, volontairement ou involontairement (inconsciemment), transmet des informations par psychotélépathie, et le percipient, personne qui reçoit des messages, ou informations, par psychotélépathie.

Pour émettre, ceux qui n'ont pas la maîtrise de leur vue doivent, de préférence, opérer les yeux fermés.

Faites le vide de vos pensées et, simultanément, visualisez, c'est-à-dire faites apparaître mentalement, l'image de la personne à laquelle le message est destiné.

Cette représentation doit être aussi « vivante », aussi réelle que possible. Représentez-vous la personne « cible », comme si vous étiez réellement devant elle. Vous regardez cette personne, en ne tenant absolument compte d'aucun décor, afin d'éviter les erreurs de situation qui auraient pour effet de troubler ce que j'appelle « la tête chercheuse du message projeté », et de diminuer considérablement les chances d'atteindre la « cible ». Puis envoyez le message, déterminé à l'avance jusqu'à dans les moindres détails, en vous figurant l'introduire dans ses sens de perception, en passant par l'espace compris entre les deux sourcils, considéré comme étant une porte ouverte sur l'esprit. Vous pouvez aussi, après avoir fait le vide de vos pensées et visualisé la personne « cible », vous placer mentalement derrière elle et « voir » par ses yeux, comme si cette personne était vous-même, ce que vous voudriez qu'elle perçoive.

Par cette méthode, la personne « cible » ne mentalisera l'information que si celle-ci ne lui est pas néfaste.

Que ce soit l'une ou l'autre des méthodes utilisées, répétez cette opération avec autorité, et avec la certitude que le message sera reçu.

Plus le message sera court et « percutant », mieux il sera reçu, mais il doit être soutenu à plusieurs reprises, durant une minute environ, ou plusieurs minutes lorsqu'il est adressé à une personne non prévenue.

La répétition du message est semblable aux coups de bélier, cet ancien instrument de guerre utilisé autrefois pour percer les murailles, renverser les portes des villes des châteaux assiégés. Le premier coup donné sur la porte du château ne fait pas grand-chose, le deuxième pas beaucoup plus, le troisième commence à faire de l'effet, et ceux qui suivent emportent l'ouvrage.

Il ne faut pas opérer lorsque vous êtes fatigué ou énervé, ni si vous êtes dans un état dépressif. Ces états, sauf de rares exceptions, annihilent les émissions télépsychiques.

Les phénomènes psychotélépathiques ne tiennent pas compte de la distance qui sépare le couple « émetteur-récepteur ». Les états affectifs favorisent beaucoup plus aisément le phénomène que les concepts intellectuels. Autrement dit, il faut y mettre tout son cœur.

Le message émis par un agent peut être reçu par plusieurs percipients à la fois, de façon différente.

Prenons comme exemple l'une des expériences réalisées dans mes cours de psyvideretélépathie.

A) Un agent, placé dans une pièce contiguë à celle où se font les cours, émet, à l'une des personnes réceptives se trouvant dans la salle de cours, parmi vingt autres psychotélépathes, la visualisation suivante :

« Un homme vêtu d'un costume bleu clair, chaussé de souliers vernis noirs, et coiffé d'un chapeau de feutre marron, fume une cigarette et porte de sa main droite une valise de couleur rouge. Il porte à l'index de la main gauche une grosse bague en or marquée de la lettre K. Cet homme marche à pas lents. »

Résultats obtenus :

1) Par la personne cible :

« J'ai vu un homme habillé avec un pantalon et une veste bleu-clair, coiffé d'un chapeau, avec une valise rouge à la main. »

2) Perçu par les autres percipients :

a) « J'ai vu la lettre K sur un fond doré. »
b) « Un homme avec un chapeau. »
c) « J'ai vu une cigarette qui se consumait. »
d) « Moi j'ai vu un homme avec une valise. »
e) « J'ai vu un chapeau, et ensuite un homme fumant une cigarette. »
f) « J'ai vu une couleur rouge. »
g) « Une personne qui se déplaçait lentement, mais je n'ai perçu que ses jambes, il portait des chaussures noires. »
h) « J'ai vu un homme, mais n'ai pas pu distinguer ce qu'il faisait, ni de quelle façon il était vêtu. »

Dans cette expérience, la personne « cible » se trouvait dans la même salle que les autres percipients. Ces derniers n'étaient pas « visés », mais avaient opéré de la même façon que s'ils l'étaient.

B) Message envoyé à un groupe de percipients :

Dans ce deuxième cas, l'agent visualise l'ensemble du groupe, pour lequel il désire envoyer un message. Ensuite, il s'imagine être parmi eux, « voit » avec eux ce qu'il veut que ceux-ci voient.

Il peut aussi projeter mentalement le groupe devant le lieu ou face à une scène, réelle ou imaginaire, qu'il veut que les percipients voient. Ou encore, s'il s'agit de caractères calligraphiques, des signes, ou d'objets, projeter ceux-ci dans l'espace, en s'imaginant (avec certitude) qu'ils s'imposeront aux regards des percipients, c'est ce que l'on nomme « Image », ou vision suscitée.

Émission :

Sur un bureau placé devant les élèves, dans la salle de cours, un agent projette mentalement la forme représentative d'un éléphant adulte, assis sur ce meuble... Il soutient cette projection psychique, avec la certitude que le phénomène sera perçu par les élèves présents dans cette salle.

Réception :

Observations faites par les percipients qui, naturellement, ne savaient pas ce qui allait être envoyé, ou « matérialisé ». Je dis « matérialisé » car, lorsqu'il s'agit d'une image suscitée, l'émission télépsychique n'apparaît pas mentalement chez les percipients, mais dans l'espace, hors de la vision interne des sujets, semblable à une apparition fantomatique. Cette perception se fait les yeux ouverts[1]. Tous les élèves fermèrent leurs yeux, et reçurent l'information sous la forme mentale.

Certains élèves disent avoir « vu » une forme grise, nébuleuse, d'autres une tête d'éléphant, d'autres encore une forme grise au-dessus du bureau. L'un des élèves dit avoir

1. Voir à Vision suscitée, *Parapsychologie pratique pour tous*, Éditions du Rocher, dans la collection « Aux confins de l'étrange ».

vu un éléphant semi-matériel assis sur le bureau, trois un éléphant, un une énorme oreille, un autre élève aurait vu l'agent apparaissant au travers du corps d'un éléphant.

RÔLE DU PERCIPIENT DANS UNE TÉLÉPATHIE CONSCIENTE

Le percipient joue un rôle passif. Aussitôt après avoir fait le vide mental, il doit visualiser le visage de son correspondant durant quelques secondes avant l'expérience, pour se mettre en rapport télépathique avec l'agent, puis, en fermant les yeux de préférence, créer en lui le noir, dans lequel il devra attendre l'arrivée du message, qui apparaîtra alors. Il ne restera plus qu'à l'enregistrer. Il est bien évident que les premiers résultats seront un peu décevants (ce n'est d'ailleurs pas toujours le cas).

Pour bien développer les facultés télépathiques, les rôles doivent être inversés d'une séance à l'autre, c'est-à-dire que le sujet qui était percipient devra jouer le rôle d'agent, et l'agent celui de percipient, de façon que chacun puisse s'habituer à émettre et à recevoir.

Avant d'expérimenter avec des scènes mouvantes, il est préférable de faire des expériences avec des formes. Tout d'abord, il est nécessaire de bien maîtriser la visualisation. Cela est également indispensable dans le rôle de l'agent.

Imaginez, vos yeux étant fermés, que vous soyez un œuf, sa forme, sa couleur, sans aucun décor, le plus simplement possible. Ceci étant réussi, visualisez, par exemple, une pomme avec sa tige sur laquelle se trouve une feuille encore verte. Visualisez cette pomme, avec ses couleurs, rouge et jaune, visualisez-là comme si vous la voyiez réellement. Ensuite, mais pas le même jour, afin de ne pas forcer le développement de la perception, visualisez quelque chose de plus compliqué, un animal, un arbre, etc. Ensuite, toujours en espaçant les exercices, visualisez un paysage, d'abord tout simple, par exemple un champ de blé en mouvement, le vent faisant plier, de temps à autre, les tiges de froment. Et enfin toutes sortes de scènes mouvantes.

LA PSYODOROTÉLÉPATHIE

TRANSMISSION PSYCHIQUE, A DISTANCE, DE LA SENSATION D'UNE ODEUR

Pour la psyodorotélépathie, la méthode est sensiblement la même que celle utilisée pour la psyvideretélépathie. La différence réside en ce que le message psyodorotélépathique est uniquement focalisé sur les odeurs. Cette faculté est susceptible de rendre d'immense services pour créer une ambiance agréable, ou désagréable, si cela est dans un intérêt bienveillant, selon l'utilité du moment.

Nous avons constaté, mes élèves et moi, des cas de sommeil et de somnolence, au cours d'une psyodorotélépathie, dans laquelle il était question, à l'insu des percipients, de leur faire sentir l'odeur de l'éther.

Comme dans tous les cas, le rôle du percipient est de rester passif, après avoir visualisé l'agent durant quelques secondes, bien que parfois les sensations puissent même être perçues sans visualiser l'agent.

Pour bien émettre en psyodorotélépathie, il est nécessaire de posséder un bon odorat, afin de mieux « recréer » psychiquement les odeurs à suggérer.

Il faut s'habituer à percevoir les odeurs, en dehors de leur présence. Plus cette forme de perception ressemblera au réel, plus elle sera susceptible d'être perçue par la ou les personnes visées.

MÉTHODE UTILISÉE

L'agent, sans prévenir les assistants de l'odeur qu'il a l'intention d'envoyer, doit ressentir en lui l'odeur choisie, puis s'imaginer, en le « vivant au maximum », qu'il souffle par ses narines cette odeur, qu'il devra voir s'épandre, sous une forme gazeuse, légèrement visible, dans la salle ou dans le lieu où doit être perçue cette odeur, avec la certitude qu'elle sera sentie par les personnes qui s'y trouvent présentes.

Observations d'élèves, en cours d'une expérience de psyodorotélépathie :

Odeur envoyée : essence de térébenthine.

Odeur reçue :
1) « Odeur d'encaustique. »
2) « Odeur de sapin. »
3) « Odeur de parquet fraîchement ciré. »
4) « Odeur de camphre. »
5) « Odeur de résine. »
6) « Essence de térébenthine. »

Sept participants n'ont rien perçu, et trois ont donné des résultats négatifs.

Voici un deuxième exemple :
Odeur envoyée : parfum de muguet.

Reçu :
1) « Parfum de fleurs. »

2) « Parfum de lilas. »
3) « Odeur agréable. »
4) « Parfum de fleurs. »
5) « Odeur de sous-bois. »
6) « Eau de toilette parfumée. »
7) « Odeur de muguet. »
8) « Muguet ou lilas ? »

Quatre personnes n'ont rien perçu, et six ont donné des résultats négatifs.

Troisième exemple :
Odeur envoyée : éther sulfurique.

Résultats obtenus :
1) Une élève s'endort.
2) Une autre somnole.
3) Un élève sort de la salle. « Ça ne va pas ! » dit-il.
4) « Ça sent l'éther, c'est désagréable. »
5) « Je sens une odeur... comme celle que l'on perçoit dans un hôpital. »
6) « J'ai la tête lourde. »

Devant ce cortège désagréable, j'ai arrêté cette expérience qui semble assez significative, et qui démontre qu'il faut bien faire le choix des odeurs à émettre, afin que les expériences ne soient pas déplaisantes.

LA PSYCHOSAPORTÉLÉPATHIE

TRANSMISSION PSYCHIQUE, A DISTANCE, DE LA SENSATION D'UNE SAVEUR

Avant d'essayer de transmettre une saveur à un ou plusieurs percipients, il faut s'entraîner à ressentir soi-même certains goûts, en l'absence de tout élément gustatif.
Exemple :
Imaginez que vous buvez du vin, ou toute autre boisson. Sentez-en le goût. Faites le même exercice en imaginant le goût de certains fruits, de certains aliments. Lorsque vous aurez obtenu une maîtrise suffisante de ces sensations, passez à des exercices.

Exemples :
Mangez du pain, en considérant qu'il a le goût de brioche, ressentez-en le goût. Buvez de l'eau, en considérant qu'elle a un goût mentholée, ressentez-en le goût.
Vous pouvez varier ces expériences selon vos désirs.
Ces exercices sont indispensables pour maîtriser la

psychosaportélépathie, afin que le « ressenti » puisse être projeté vers la cible, avec un maximum de réussite.

La psychosaportélépathie permet, par exemple, de suggérer mentalement à un percipient qu'il boit une eau douce, que celle-ci a un goût fruité, etc. Cette action est susceptible de libérer certaines personnes de quelques « rejets », ou de leur faire accepter un régime diététique nécessaire à leur santé.

PROCESSUS

Pour exemple, prenons un exercice exécuté pour la première fois par un groupe d'élèves.

L'agent avait choisi le chocolat.

Tout d'abord, l'agent doit ressentir lui-même ce goût, qu'il devra continuer à ressentir pendant toute la durée de l'expérience. Il devra visualiser les sujets cibles, en leur suggérant de focaliser toute leur attention sur leur sens gustatif. Ensuite, l'agent place télépsychiquement un petit carré de chocolat dans la bouche des participants, et se donne la sensation de ressentir le goût du chocolat dans la bouche des participants, tout en étant persuadé que ceux-ci le ressentent aussi.

Comme dans toutes les expériences parapsychologiques, la foi que l'on a en la réussite d'une action est indispensable pour son succès.

Effets ressentis par les participants :

1) « Je sens quelque chose de pâteux dans ma bouche. »
2) « J'ai l'impression que quelque chose de sucré coule dans ma gorge. »
3) « Je sens un goût de chocolat. »
4) « J'ai l'impression de mâcher un caramel au café, ou au chocolat... je ne sais pas ! »
5) « Je sens le goût de noisette et de chocolat. »

Neuf élèves ont donné des résultats négatifs.

Il faut noter que chacune des expériences n'excède pas cinq minutes, et que les participants ne sont pas forcément disponibles dans les « fenêtres » de temps qui leur sont proposées.

LA PSYCHOSONOTÉLÉPATHIE

TRANSMISSION PSYCHIQUE DE LA SENSATION, D'UN SON, OU D'UNE INFORMATION SONORE, AU LOIN

Avant d'essayer de transmettre un son à une ou à un groupe de personnes (percipientes), il faut s'entraîner soi-même à entendre, en se le créant, c'est-à-dire en l'absence de toute émission sonore susceptible d'être captée par le sens habituel de l'ouïe.

L'initiation à la psychosonotélépathie est l'une des plus importantes, avec celle de la psyvideretélépathie, dans le domaine de la production de phénomènes télépsychiques.

Tout d'abord, il est nécessaire de bien développer l'ouïe, en s'entraînant à bien percevoir tous les sons émis autour de soi, être attentif dans toutes les conversations, et surtout s'entraîner à bien reproduire mentalement des airs de musique, au point de s'en souvenir parfaitement, et pouvoir les chanter quelques jours après leur audition.

Ensuite, vous pouvez vous entraîner à percevoir des

sons, des auditions, sous forme de psychosonotélépathie, au cours de psychopathotactie[1].

Dans ce genre d'exercice, avec de l'entraînement, vous entendrez tout d'abord des sons, des bruits, des noms, des débris de phrases... Puis, la fonction créant l'organe, vous parviendrez, dans les meilleures conditions, à recevoir des informations intelligibles, concernant ce que le témoin aura « enregistré », soit dans un langage d'origine, soit dans un langage connu de vous, selon la direction que vous aurez choisie. Ensuite, vous pourrez expérimenter la psychosonotélépathie.

MÉTHODE UTILISÉE POUR LA PSYCHOSONOTÉLÉPAHIE

Pour émettre, après avoir convenu de l'heure de l'expérience, avec le ou les percipients, faites le vide de vos pensées et, simultanément, mentalisez le son ou la phrase que vous désirez communiquer.

Lorsque le message sonore est bien net en vous, visualisez alors la ou les personnes percipientes, en imaginant qu'elles entendent le message en question, que l'information sonore retentisse dans le lieu où le ou les percipients se trouvent. Visualisez cette scène, si possible, de manière que la ressemblance soit le plus nette possible, que vous êtes parmi eux, et que vous entendez également ce message.

Répétez plusieurs fois cette opération, qui ne doit pas, afin de ne pas engendrer la lassitude, dépasser quatre à cinq minutes; observez entre chaque séance une dizaine de secondes de repos. (Je conseille de répéter le message, car la réceptivité du ou des percipients n'est pas toujours synchronisée avec l'émission que fait l'agent.)

1. Psychopathotactie, du grec *psukê*, âme, *pathos*, affection, sensation, et du latin *tactilis, tactus*, sens du toucher. Par l'intermédiaire d'un objet, un sensitif peut avoir des informations paranormales et connaître l'histoire d'un objet, son origine et certains événements marquants de la vie du propriéraire de l'objet, qui sert de support.

Après un long entraînement, des résultats positifs doivent se concrétiser.

Exemple :

Expérience faite avec un groupe de débutants :

Message envoyé : « Attention ! un cheval arrive au galop ! »

Messages reçus :

1) « Attendre. »
2) « J'arrive. »
3) « Attention au galop ! »
4) « Attention au cheval ! »
5) « Un cheval arrive. »
6) « Un cheval galope. »
7) « Je n'ai rien entendu, mais j'ai vu un cheval. »

Dix personnes ont donné des résultats erronés.

Le n° 7 a capté l'idée provenant de la pensée de l'agent, et la focalisation de sa perception psychique sur cette idée a dévié la réception psycho-auditive. Ce cas est très fréquent, surtout lorsque la maîtrise des sens n'est pas absolue. Je dois signaler que la maîtrise absolue des sens de réceptivité et d'émission est souvent très développée chez certains sujets, mais s'exerce très rarement de façon durable, si l'on considère le mode de vie actuel guère propice à la concentration.

LA PSYCHOTACTOTÉLÉPATHIE

TRANSMISSION PSYCHIQUE, A DISTANCE, DE LA SENSATION DU TOUCHER

Pour la psychotactotélépathie, la mise en condition est la même que pour les psychotélépathies précédentes ; vide des pensées, visualisation de la personne cible. Ensuite, deux méthodes se présentent.

La première consiste à vous projeter mentalement devant la personne cible, sans tenir compte du décor ni du lieu où elle est susceptible de se trouver. Ne visualisez que le sujet. Si, par exemple, le but de l'exercice est de chatouiller le creux de l'oreille du sujet, vous devez le faire mentalement, comme si vous le faisiez réellement, en vous efforçant de ressentir au maximum le contact de vos doigts au creux de l'oreille du sujet. Plus la ressemblance avec la réalité sera forte, plus la réussite de l'expérience sera positive.

La deuxième méthode, la plus souvent utilisée, lorsqu'il

s'agit de « contacter » plusieurs personnes à la fois, consiste à se « créer » mentalement autant de bras bioplasmiques[1] qu'il y a de sujets à toucher.

Chaque bras psychique doit mentalement se présenter sous la forme de bras doté du pouvoir de s'allonger indéfiniment, et prendre naissance aux articulations de l'épaule, là même où figure le bras réel.

Il est favorable, avant d'essayer de transmettre une sensation tactile à un percipient, de s'entraîner à ressentir soi-même le maximum de perceptions tactiles, en l'absence de tout élément susceptible de les produire.

Le phénomène de psychotactotélépathie est plus difficile que les précédents à réaliser. Le plus simple des exercices consiste à faire « basculer » une personne debout, en la poussant légèrement lorsqu'elle a les deux pieds l'un à côté de l'autre. La poussée doit être exécutée par une action répétée et alternative. Dans la pratique, cette action est susceptible d'éviter la chute d'une personne en déséquilibre, dans une situation dangereuse, ou de la pousser afin de lui éviter un accident. Les phénomènes psychotactotélépathiques n'offrent pas beaucoup d'autre intérêt dans la vie courante. Il s'agit surtout là d'un phénomène de curiosité scientifique.

1. Les bras bioplasmiques sont des membres semi-matériels invisibles qui se créent à la suite d'une visualisation soutenue de ces bras avec la certitude qu'ils existent.

LA PSYCHOTÉLÉENREGISTREMENT

ENREGISTREMENT A DISTANCE, SUR UN OBJET, PAR VOIE PSYCHIQUE

Comme toutes les méthodes utilisées en parapsychologie, celle-ci est également très simple.

Tout d'abord, effacez toutes les informations connues par l'objet, selon le processus suivant :

Passez deux ou trois fois une main sur toute la surface de l'objet à enregistrer, en exprimant le désir d'effacer toutes informations reçues par l'objet, sans aucune exception, dans le but d'obtenir un support vierge. Tout en effectuant cette opération, soyez convaincu que l'ordre sera exécuté par la matière, et cela juste avant de fixer l'information que vous désirez enregistrer[1]. Ensuite, en regardant l'objet sur lequel vous désirez « imprimer » votre information, vous procédez à la projection de votre pen-

1. Voir aussi les informations à ce sujet dans le livre intitulé *Pratiquez la parapsychologie*, Éditions du Rocher.

sée, en la soutenant par une vision très nette de ce que vous voulez obtenir, en considérant l'objet comme étant une caméra vidéo.

L'information à exprimer doit être le plus claire possible, dans les détails, les contours, les couleurs, sans oublier le moindre détail sonore autre.

Faire « vivre » l'information, qui alors deviendra prégnante[1].

Lorsque le message est enregistré, dites, avec autorité, que ce soit mentalement ou à haute voix : « Je bloque l'information, afin qu'elle ne puisse être surchargée, volontairement ou involontairement, par une émission indésirable, pouvant erroner la description du message présentement enregistré. » Tout se passe alors à la façon d'une bande vidéo à laquelle l'on aurait retiré la languette de sécurité.

Un nouvel enregistrement peut être fait, en débloquant et en effaçant à nouveau le support.

2. Prégnance : qui porte en soi un germe d'information, qui pourra ensuite être décrypté par psychopathotactie. (Se reporter au livre intitulé *Pratiquez la parapsychologie*.)

L'ENCHANTEMENT

L'enchantement se fait par des paroles chantées, mais le sens de ce mot a été attribué à toutes sortes de prodiges obtenus principalement par la magie.

Au Moyen Age, des cérémonies d'un culte diabolique utilisèrent le chant.

Pour ne pas confondre avec une certaine forme de la magie noire, qui fait plus ou moins appel à des forces ténébreuses, je préfère utiliser le mot « action psychique, renforcée par le chant » : Actiopsyraforsecantus. Action, du latin *actio*, psy, du grec *psukhê*, âme, renforcé de *raforse* et chant, du latin *cantus* (APRC).

Certains chants religieux sont des APRC exécutés pour le bien des humains. L'APRC est également utilisé dans certaines disciplines, la musicothérapie entre dans cette catégorie.

Avez-vous remarqué que, comme la musique instrumentale, certains chants sensibilisent notre comportement, nous rendent joyeux ou triste, calme ou nerveux, rassuré ou perturbé, etc. Le chant est donc susceptible de nous conditionner, dans un sens ou dans un autre. Ses possibilités sont multiples.

L'APRC est utilisé en parapsychologie, pour renforcer l'action psychique dans certaines opérations. L'action se fait en chantant les paroles correspondant à l'acte à accomplir, tout en visualisant l'effet à produire. Les sons de la voix doivent être modulés selon l'état d'âme nécessaire à l'opération.

LES BRAS BIOPLASMILQUES

Il faut tout d'abord prendre conscience de l'existence du corps bioplasmique, aussi appelé « corps subtil », qui, comme chaque personne s'intéressant à la parapsychologie le sait, est de consistance semi-matérielle, coexistant avec le corps physique, et étant généralement imperceptible aux cinq sens habituels.

Le corps bioplasmique est infiniment extensible et compressible. Dans son volume normal, il imprègne totalement le corps physique, en débordant de toutes parts, sur une épaisseur de plus ou moins 1 centimètre.

Visualisez vos bras bioplasmiques sous une apparence semi-transparente, s'extériorisant des bras physiques, depuis l'articulation de l'épaule jusqu'au bout des doigts, ce qui pourrait être symbolisé en apparence par les bras du dieu Civa (troisième personne de la trinité hindoue, dieu destructeur et fécondateur). Sentez ces bras extériorisés comme s'ils étaient de chair. C'est en utilisant les membres bioplasmiques que certaines actions sont susceptibles d'agir sur le plan matériel.

Pratiquez cet exercice jusqu'à ce que vous sentiez vos membres bioplasmiques se déplacer hors de vos membres physiques. Il ne faut pas croire que quelques exercices suffisent pour agir, malheureusement non, cela demande parfois de longues années d'entraînement et de patience, mais dès le début vous pouvez attirer ou repousser une personne en déséquilibre instable, ce qui ne nécessite pas de déployer une force extraordinaire.

Charles Richet, qui fut professeur à l'université de Paris et membre de l'Institut, signale, dans son volumineux ouvrage *Traité de métapsychique* (Librairie Félix Alcan, 1923) : « Si nous mettons la main devant le miroir, l'image apparaît. Vous posez (à distance) la main sur une balance, si la balance bouge, c'est la première phase de la matérialisation — la "mécanisation" et non la visualisation encore que la projection de la main soit plus intense, la main apparaît, informe d'abord, entourée de draperies, mais peu à peu devenant plus main qu'elle ne l'était, d'abord dans la pénombre ou l'obscurité totale qui est indispensable... »

Ceci explique pourquoi les apparitions fantomatiques ne se font que dans la demi-obscurité, ou dans l'obscurité totale, ou encore en présence d'une légère lumière rouge.

Pour vous motiver, vous encourager, vous pouvez utiliser l'effet télépsychique, qui s'acquiert assez facilement.

MÉTHODE UTILISÉE

Imaginez créer un champ de forces très puissant entre vous et la personne cible. Tout en regardant normalement la personne visée, visualisez, en la ressentant, l'effet de votre action, et dites en vous-même : « Ça y est, elle ressent l'effet... Perd l'équilibre... Elle bascule... elle bascule... » En disant ces mots, ressentez la contraction, ou la répulsion, que crée ce champ énergétique entre vous et la personne cible.

Cette méthode permet de vérifier la résistance de la coque psychique.

Exemple :

Cours du lundi 2 mai 1987 à 14 h 30.

Après que j'eus personnellement vérifié la résistance de la coque psychique (voir *La Parapsychologie et l'invisible* Éditions du Rocher) de mes élèves, afin de leur permettre objectivement d'observer eux-mêmes la résistance acquise, je leur fis faire l'expérience suivante : un par un, les élèves devaient se déplacer et s'arrêter, les pieds joints, les bras le long du corps, devant chaque personne appartenant au groupe d'étude assis dans la salle. Ces derniers devant attirer vers eux l'élève en exercice qui, lui, donnait ordre à sa coque psychique de repousser toutes actions psychiques dirigées sur lui.

Les observations ont été les suivantes :

Les élèves de première et de deuxième année présentèrent un effet antagoniste qui les repoussait légèrement en arrière, sauf trois personnes sur vingt qui furent attirées à deux ou trois reprises par les personnes du groupe agissant. Par contre, les anciens élèves marquèrent tous un refus catégorique et se sentirent repoussés des « agresseurs », parfois avec une telle violence que je dus rester derrière eux afin qu'ils ne tombent pas sous l'effet de la réaction répulsive qui se produisit. La réaction la plus spectaculaire fut celle produite par la plus expérimentée de mes élèves, le refus fut si violent qu'étant placé derrière elle, pour la retenir, à chaque fois, c'est-à-dire trois fois successivement, je dus m'arc-bouter pour la retenir, mes pieds glissant sur le sol, et ce fut avec beaucoup de chance que nous pûmes éviter de culbuter ensemble.

L'ODEUR DES AURAS

Je ne m'étendrai pas sur l'étude générale des auras, celle-ci ayant été définie dans mes précédents ouvrages[1], mais je rappelle que l'aura de l'être humain, de forme ovoïde, est constituée de tourbillons très complexes qui peuvent atteindre 2 à 3 mètres de hauteur, et parfois plus d'1 mètre dans sa partie la plus large, s'affinant le long des jambes pour devenir très étroit aux pieds et sous les pieds.

Les couleurs de l'aura permettent de détecter les activités changeantes de l'individu.

L'étude des couleurs et des sensations que donne le volume des auras a été relatée dans mes précédents ouvrages, mais, depuis, mes nouvelles recherches m'ont conduit à focaliser mon attention sur les perceptions olfactives des auras.

---

1. *Parapsychologie pratique pour tous, Pratiquez la Parapsychologie, La Parapsychologie et l'invisible,* Éditions du Rocher.

Le mot « olfactives » qui a trait à l'odorat, vient du mot latin *olfacère*, flairer, et flairer du latin *fragrare*, avoir de l'odeur, appliquer son odorat.

C'est bien de flairer qu'il s'agit dans ce qui va suivre.

L'odeur des auras a été et est encore très contestée. Certains chercheurs pensent qu'il s'agit de l'odeur du corps physique de l'individu, d'autres disent qu'elle n'existe pas. Quoiqu'en pensent les antagonistes, mes propres expériences et celles faites avec mes élèves prouvent, que s'il n'est pas permis de démontrer la présence de ces odeurs, celles-ci étant mêlées à celles du corps physique, par contre, ces expériences mettent en évidence les traces laissées par leur champ vibratoire.

Nous savons que par son odorat le chien est susceptible de suivre certaines pistes, mais la plupart des gens ignorent que l'être humain, lui aussi, est doué de cette faculté. Il faut cependant remarquer que le chien, en se déplaçant avec son corps physique, éprouve parfois quelques difficultés, par exemple : si l'on fait flairer, par un chien dressé pour dépister un morceau de tissu ayant été en contact avec M. X et que l'on dise à ce chien : « Sens... Cherche... », l'animal va renifler un court instant le bout de tissu en question et commencer sa recherche en flairant les traces auriques laissées sur le sol par la personne recherchée. Mais si M. X traverse un cours d'eau, l'empreinte aurique emportée par l'eau coupe net la trace de M. X.

Il s'agit là d'une simple observation, mais je crois que, comme l'être humain, le chien en certaines circonstances, lui aussi, est susceptible de déclencher en lui un phénomène de clairvoyance, mais de quelle manière pourrait-il communiquer ses impressions à son maître?

Voici un exemple d'étude parmi tant d'autres :

Cours du lundi 5 mai 1986.

Expérience faite avec un groupe d'élèves, pour suivre,

à l'aide du flair, les traces d'une personne inconnue de mes élèves.

R. Réant. — Jusqu'à présent, vous vous êtes entraînés à percevoir des scènes de vies passées, présentes et futures, en prenant un contact par :

1° — La psyvideretélépathie (transmission psychique, à distance, de sensations visuelles);

2° — la psychosaportélépathie (transmission psychique, à distance, de la sensation de saveur);

3° — la psychosonotélépathie (transmission psychique de la sensation d'un son, ou d'une information sonore, au loin);

4° — la psychotactotélépathie (transmission psychique, à distance de la sensation du toucher);

5° — la psyodorotélépathie (transmission, à distance, de la sensation d'une odeur).

Voici une canne de bambou qui va servir à faire une étude à l'aide d'une méthode que vous n'avez pas encore expérimentée.

Cette fois-ci, il est question de décrypter des informations uniquement par le flair, faisant abstraction de toute odeur susceptible d'être émise par l'objet ou autre, provenant du milieu ambiant.

Il s'agit de prendre contact avec les traces auriques laissées sur cette canne par son ancien propriétaire.

De même que les empreintes digitales sont différentes pour chaque individu, les empreintes laissées par les auras sont personnalisées.

Voici la façon de faire :

Mode opératoire

Posez les deux pieds bien à plat sur le sol afin de décontracter les muscles de vos jambes. Posez une main au niveau de chaque genou, la paume tournée vers le haut, en laissant vos doigts se décrisper.

Il est préférable que votre tête ne soit pas appuyée sur

un mur, meuble, ou toute autre chose, elle doit rester libre de tout contact comme une antenne permettant d'émettre et de recevoir les ondes radioélectriques.

Le corps doit être entièrement décontracté, l'esprit dégagé de toute pensée, seule doit exister celle sujette à l'expérience, en l'occurrence celle qui est en rapport avec l'idée de suivre les traces de l'ancien propriétaire de cette canne de bambou.

Puis fermez les yeux afin de ne pas être distrait par le regard et reniflez durant deux à trois secondes cette canne et attendez que les informations apparaissent, avec la certitude que cela se fera.

Afin d'éviter le contact du toucher des élèves, je circulais devant eux en leur faisant passer l'objet sous le nez.

Les résultats obtenus par huit élèves ont été les suivants :

1 — Mme A. M. — « Je vois un paysage méditerranéen avec de petites montagnes... La terre est par endroits très rouge. »
2 — Mme S. M. — « Je vois un cimetière situé dans le sud de la France... Je suis à l'intérieur d'un caveau... J'étouffe... Je ressors... Il y a des arbres dans le cimetière, la région est montagneuse. Si je m'élève, je vois la mer qui n'est pas très loin de là. »
3 — Mme R. V. — « Je vois deux hommes et un petit garçon, dans un champ situé sur un versant montagneux. Ils se dirigent vers une grosse touffe de bambou. Les deux hommes et l'enfant, à l'aide d'un couteau, coupent chacun un bambou... En face, à une centaine de mètres environ, je vois des vignes et des soldats qui à l'aide de leurs baïonnettes coupent des grappes de raisin, qu'ils mangent sur place. »
4 — Mme B. M. — « Je n'ai pas eu le temps de me mettre en condition. »
5 — M. M. P. — « Je ne vois rien, mais j'entends "Béziers". »
6 — Mme B. A. — « Il est mort le premier, son épouse ensuite. »

7 — Mme L. I. — « Je vois une tombe dans laquelle se trouvent deux hommes et une femme. »
8 — M. Z. P. — Néant.

Résultats

Cette canne a appartenu à mon père. Elle a été coupée en 1940, à quelques kilomètres de Villefranche-du-Périgord. J'avais alors douze ans, et accompagnais mon père et l'un de mes oncles qui avaient à faire en ville. Nous nous arrêtâmes dans une prairie située sur le flanc d'une colline, sur laquelle se trouvait une petite source entourée de bambous. Nous en coupâmes chacun une grosse tige pour en faire une canne. En bas, à une centaine de mètres de là, se trouvaient des vignes ; des soldats français, à l'aide de leurs baïonnettes, coupaient des grappes de raisin qu'ils mangèrent sur place allégrement. Il faisait très chaud ce jour-là, le ciel était d'un bleu immaculé, le soleil dardait de tous ses rayons.
R. Réant. — Ce passage semble assez correctement correspondre à l'information obtenue par Mme R. V.

Mes parents habitaient dans un nouveau quartier de Béziers, il s'agit donc d'un paysage méditerranéen avec de petites montagnes, dont la terre est très colorée d'ocre rouge par endroits, comme le cite Mme A. M. Ce paysage correspond au lieu où habitaient mes parents.

Mon père est mort le premier, ma mère ensuite, ils sont ensemble, dans le même caveau, ainsi que mon neveu qui y a été placé également, selon la volonté de mes parents. Dans le cimetière, il y a de nombreux arbres et la mer n'est pas loin de Béziers.

Dans leur ensemble, les résultats obtenus sont très encourageants.

La durée de l'expérience a été de cinq minutes, pas plus.

KARMA, RÉSURRECTION ET VIES ANTÉRIEURES

« Karma ». Cette expression vient du mot indien qui signifie action et réaction.

Toute action déclenche une réaction, positive ou négative. Le karma est en quelque sorte le bilan d'une vie antérieure, susceptible d'influencer, favorablement ou défavorablement, selon le cas, le cours d'une vie présente.

DÉBAT SUR LA « RÉSURRECTION »

Cours du 14 septembre 1985 à 9 h 30, au bureau d'études et de recherches en parapsychologie de M. Raymond Réant.

Question posée par Mme M. C. — Quelle que soit la volonté de guérir, peut-elle aller à l'encontre de la volonté de la personne, ou à un certain karma.

R. Réant. — Il semblerait que la volonté ou le karma, voire même les deux à la fois, interviennent, mais il reste à le prouver. En ce qui concerne Mme N. K., par exemple, il est permis de penser qu'elle n'avait pas de karma qui s'y opposait; de pus, elle tenait à la vie.

Rappelons le témoignage du Dr N. :

« Le 8 janvier 1985, mon épouse, en grossesse depuis huit mois, devait subir une césarienne pour bassin rétréci, début de toxémie gravidique (HTA + œdème généralisé, irritabilité, anxiété). Devant ce cortège assez fleuri de signes et de symptômes, je m'adressai à M. Raymond Réant, en sollicitant son aide spirituelle. Je lui remis une photographie de mon épouse, ainsi qu'un vêtement que celle-ci avait déjà porté. A ma demande, il me remit une pierre du tombeau du Christ.

L'intervention chirurgicale, programmée à 11 heures, commença en réalité à 14 heures. Mon épouse avait une grande sialorrhée. La première dose de l'anesthésique fut injectée TVD, et tout arriva. L'électrocardiogramme sur écran m'alerta. Toutes les ondes étaient plates. Au début, je crus à une panne, mais le va-et-vient des anesthésistes des salles d'opération voisines, le branle-bas général, l'agitation du personnel, le déploiement des appareils les plus sophistiqués me firent comprendre qu'il se passait quelque chose.

Le chirurgien n'avait pas encore pratiqué l'incision. En réalité, mon épouse avait fait un bronchopasme dû aux sécrétions bronchicales. Elle était en arrêt cardiorespiratoire, faute d'intubation préalable.

Je ne perdis la foi en aucun moment. J'étais persuadé que mon épouse reprendrait vie, que ma fille naîtrait vivante.

M. Réant et moi avions travaillé pour que tout se passe bien.

M. Réant m'avait dit que tout irait bien. J'avais confiance en Christ et à son médiateur M. Réant.

Au grand soulagement de toute l'équipe opératoire, ma femme reprit vie. La césarienne fut faite. Ma fille pleura aussitôt.

La phase post-opératoire fut sans complications.

Six mois après cet événement, je viens apporter mon témoignage. Je remercie le Christ et son médiateur M. Réant. Cette faveur est d'autant plus importante que mon foyer est resté dix ans sans enfant.

Cette naissance avait été annoncée à mon épouse en mai 1984, quand l'intéressé ignorait elle-même qu'elle était enceinte. (“Ma fille, tu as conçu, pendant la grossesse tu resteras couchée, ce sera difficile mais à la fin, tout se passera bien” avait dit la Vierge en rêve).

Je ne veux pas que cet événement soit considéré comme un miracle, car les critères du bureau médical de Lourdes sont intransigeants. Je veux tout simplement témoigner et rermercier. Une fois de plus, merci. »

Puis il ajouta que l'état de mort dans lequel s'était trouvée son épouse dura dix minutes.

Après sa réanimation, l'épouse du Dr N. n'a donné aucune information sur ce qu'elle avait « vécu » dans cet espace de temps qu'a duré sa mort. Peut-être en a-t-elle le souvenir, et suppose-t-elle qu'il s'agissait d'un « délire » engendré par l'anesthésie, ou alors en a-t-elle perdu le souvenir, comme cela se produit souvent au réveil, lorsqu'il s'agit d'un rêve.

Elle a peut-être pensé qu'elle avait fait un cauchemar ou un rêve éveillé, puisqu'elle n'en parle pas... Racontez-vous à votre conjoint ou conjointe vos rêves à chaque fois que vous en avez le souvenir ?

Réponse générale : « Non ! ».

M. Réant. — Ce n'est pas, par exemple, parce que vous avez rêvé que vous étiez victime d'une agression que vous en parlez à votre réveil, ou par la suite. Certains rêves paraissent cependant tellement faire partie du réel, que l'on ne s'aperçoit qu'il s'agissait d'un rêve, au réveil, qu'après l'avoir bien fouillé dans notre mémoire.

Lorsque vous êtez dans un état de dédoublement, avez-vous toujours conscience que vous êtes dédoublé ?

Mme M. U. — Eh bien, voilà ! C'est ça !

M. Réant. — C'est ce qui a pu également se produire pour l'épouse du Dr N. L'individu n'est pleinement conscient qu'après une certaine période d'adaptation.

Dès les premiers moments, les défunts ne sont généralement pas bien « éveillés ». Dans leur métamorphose, ils restent encore un peu accrochés à l'existence matérielle, ils se trouvent à la limite des deux formes de vie.

Mme B. O. — Moi je pense que peut-être certains défunts

n'ont pas conscience durant un temps plus ou moins long qu'ils sont décédés, et que dans certains cas ils peuvent se comporter comme étant dans un profond sommeil, ou alors comme s'ils vivaient un rêve.

M. Réant. — Durant le sommeil, même si l'on croit ne pas avoir rêvé, même si l'activité cérébrale semble ne rien signaler, l'esprit, lui, reste en éveil permanent. C'est l'organe de « rappel » qui, lorsque nous sommes tributaires de la matière, fait écran.

Mme B. O. — Nous maintenant, peut-être après avoir expérimenté le dédoublement conscient, il est fort possible que nous « vivions » en pleine conscience cette métamorphose.

Mme M. U. — J'ai lu dans le *Bardo*, qui est une œuvre très importante traitant du sujet : « Le premier jour vous êtes conscient de ça... de rencontrer une divinité, etc. » Ça veut dire que, quand même, les gens sont conscients de quelque chose?

M. Réant. — Oui mais, selon mes observations, à mon avis, ils ne sont pas toujours conscients. C'est parfois le cas que l'on constate dans les phénomènes d'apparitions de fantômes. Dans les cas de dédoublements conscients, qui peuvent s'apparenter à la mort du corps physique, puisque le sujet se libère momentanément, certes, de son corps matériel.

Il y a des personnes qui voient très bien dès le début, en état de dédoublement, certaines qui voient les choses comme s'il s'agissait de visions mentales, d'autres chevauchent entre le réel et le rêve; pour d'autres, encore, il ne reste aucun souvenir de leurs expériences hors du corps, et pourtant, dans mes cours, nous faisons ensemble des dédoublements à l'état de veille.

Chez les défunts, il arrive que leur double se soit extériorisé du corps physique, mais que l'esprit reste plus ou moins attaché à sa dépouille mortelle, et que de ce fait se retrouve dans un état « d'alourdissement de la conscience ».

Donc, une personne qui meurt peut avoir aussi plusieurs états de conscience.

Certaines ont de suite pleine conscience, et d'autres se trouvent dans un état plus ou moins nébuleux, qui peut être extrêmement court ou long.

Mme M. U. — Pour les gens dont la guérison semble avoir été refusée, devez-vous regarder leurs vies antérieures, ou leur karma?

M. Réant. — Si une vie antérieure est faite dans des conditions sérieuses, les défauts et les qualités acquis apparaissent, surtout les plus importants, à moins que le sujet que l'on étudie y mette un interdit.

Étiez-vous présente lorsque nous avons exploré la vie antérieure du Dr N. et de Mme U. J.?

Mme B. O. — Moi, j'étais là, avec Chantal et les autres du groupe.

M. Réant. — Je vais vous résumer cette exploration. Dans mon livre intitulé *Parapsychologie pratique pour tous* (Éditions du Rocher), je relatais la manière de résoudre des problèmes éventuels, provenant d'une autre époque.

Au-delà des problèmes psychologiques ou autres, connus dans une vie présente, peuvent s'en greffer d'autres du même ordre, relevant d'une vie antérieure. Il n'est pas rare qu'une personne ayant péri par le feu dans une vie antérieure conserve une peur du feu apparemment inexplicable. Une personne qui fut pendue, ou étranglée, demeure effrayée lorsque quelque chose lui serre, même très faiblement, le cou, etc.

Certaines maladies psychosomatiques peuvent également avoir leurs sources dans une vie antérieure. Dans l'ouvrage précédemment cité, je donnais comme méthode celle qui consistait à faire une suggestion corrective, en plaçant mentalement le sujet dans la situation qui avait provoqué le trouble, en détournant son aspect dramatique, tout en évitant l'hypnose. J'avais donné comme exemple celui d'une personne qui, dans une vie antérieure, avait péri en mer, à la suite d'un naufrage. Traumatisée par cet événement, ce souvenir, inconscient, provoquait dans sa vie actuelle une grande émotivité et de fortes angoisses à la moindre petite agression physique ou psychologique en rapport avec l'eau.

Pour aider la personne qui correspond à cet exemple, il fallait, selon cette méthode, par télépathie et action psychique, ramener le sujet, dans sa précédente vie, par des actions télépsychiques répétées, et lui faire entendre qu'elle n'était pas dans le bateau qui a fait naufrage, qu'il ne s'agissait que d'un rêve à oublier, l'agent télépsychique devant lui-même « revivre » la scène, se sentir entièrement dégagé de toute angoisse durant l'émission du message, celui-ci étant, de préférence, envoyé durant le sommeil naturel du sujet, afin d'obtenir un maximum de réceptivité.

Cette méthode demeure valable, mais le champ d'investigation de mes expériences a évolué, et il m'a été possible de mettre au point une nouvelle méthode.

Dans l'après-midi du samedi 19 juin 1982, afin de contrôler mes propres expériences, je fis exécuter à mes élèves l'exercice suivant :

Mme U. J., s'étant proposée pour l'expérience, « prêta » durant deux à trois secondes l'une de ses mains à chaque étudiant. Après examen paragnostique, il résulta que Mme U. J. fut une religieuse condamnée injustement au bûcher, pour pratique de sorcellerie. Les personnages présents au procès furent parfaitement dépeints par l'ensemble des étudiants, qui insistèrent particulièrement sur le fait qu'un prêtre portait beaucoup d'estime à cette religieuse, qu'il connaissait pour avoir remarqué son dévouement envers les personnes malades, qu'elle aidait de son mieux.

Ce prêtre fut condamné et brûlé sur un bûcher, en même temps que Mme U.J.

L'idée, suscitée par une amie, m'était venue de réaliser une étude parallèle, en ramenant si possible à la vie présente le prêtre qui était apparu dans cette antériorité. Le résultat obtenu fut assez surprenant, car personnellement ainsi que plusieurs étudiants, nous reconnûmes le Dr M.

et Mme U. J. Or, curieusement, le Dr M. et Mme U. J. se sont connus dans cette présente vie, dans des conditions spirituelles assez comparables à celles de leur précédente incarnation. Il s'agissait là d'un karma positif.

Les expériences d'antériorités font ressortir que, dans un grand nombre de cas, les rencontres sympathiques entre individus ne sont pas uniquement le fait du hasard.

Une autre remarque importante est que, par l'intermédiaire de la rétrocognition, non seulement dans la vie présente mais aussi dans une vie antérieure, une psychanalyse « paragnostique » en dehors de la présence du sujet peut apporter au thérapeute une solution et une possibilité de guérison pour certains patients, et faire disparaître un grand nombre de phobies.

Un karma n'émane pas forcément d'une seule vie, il peut être engendré par plusieurs vies successives, et même par la présente.

Lorsqu'il s'agit d'un karma fortement négatif de vies précédentes, celui-ci ne s'épuise pas, ou que très rarement, dans la vie présente, car il revient, comme une obsession. Pour faire une comparaison, prenons comme exemple une personne qui désire s'arrêter de fumer ou de boire des alcools, ou encore de ne plus consommer certaines drogues. Alors, selon le degré d'intoxication et la force de volonté, il se peut qu'elle puisse y arriver dès les jours qui suivent sa décision, mais elle ne va pas obligatoirement y parvenir facilement, cela peut s'étaler sur plusieurs semaines, plusieurs mois et même jamais.

Un karma négatif devient, en quelque sorte, un esprit tentateur, que l'on peut également comparer à ce passage de l'évangile selon Matthieu, au chapitre XII :

Verset 43. — « Lorsque l'esprit impur est sorti d'un

homme, il va par des lieux arides, cherchant du repos, et il n'en trouve point. »
Verset 44. — « Alors il dit : "Je retournerai dans ma maison d'où je suis sorti" ; et quand il arrive, il la trouve vide et balayée. »
Verset 45. — « Il s'en va, et il prend avec lui sept esprits plus méchants que lui ; ils entrent dans la maison, s'y établissent, et la dernière condition de cet homme est pire que la première. »

L'esprit méchant est une mauvaise pensée, tyrannique, avec laquelle il faudra lutter pour la domination.

Cela fait penser au vieux dicton populaire : « Chasse le naturel, il reviendra au galop. »

Mme M. U. — Avec la coque psychique[1] ne peut-on pas, par exemple, dire : « Je refuse le désir de fumer ! »

M. Réant. — Non, parce qu'il ne s'agit pas dans ce cas d'une action venant de l'extérieur, mais d'un conflit intérieur entre votre volonté et votre « obsession ». La personne qui exerce un contrôle permanent sur elle-même, sur ses pensées, son comportement, ses réflexes, conscients ou inconscients, peut obtenir la victoire sur elle-même.

Mme M. U. — Moi, je suis allée voir les Tibétains, ceux-ci disent que lorsque le karma est à maturité, si vous voulez le liquider dans cette vie, vous ne pouvez rien contre lui. Ce que vous pouvez, c'est arrêter le karma que vous êtes en train d'accumuler, et ne pas en faire d'autre. Ils disent également que vous pouvez même liquider le karma que vous avez accumulé, qui n'est pas encore à maturité, c'est-à-dire que vous avez un karma contentieux que vous devez épuiser dans une autre vie, mais que, si vous vous appliquez par la pensée positive, par la pratique des vertus et par la méditation, vous épuisez le karma qui n'est pas parvenu à maturité.

---

1. Se reporter à l'ouvrage intitulé *La Parapsychologie et le monde invisible*, Éditions du Rocher.

M. Réant. — C'est tout à fait en accord avec ma façon de penser. Le karma qui est à maturité, nous devons le subir durant un passage dans la vie matérielle, et cela sans remède.

Mme M. U. — Moi, ça ne me paraît pas logique.

M. Réant. — Eh bien, par exemple, imaginez que j'ai des dettes, je sais que je ne pourrais pas les payer à échéance, que dans ce cas l'huissier viendra chez moi pour saisir tout ce qu'il y a dans ma maison. Alors je vais m'épuiser à faire des heures de travail supplémentaires, à me débrouiller, et, juste avant que l'huissier prenne la décision pour la saisie, je lui apporte l'argent nécessaire... La procédure s'arrête...

Cela est un peu comparable à la liquidation d'un karma négatif. Si la dette est insurmontable, tous mes efforts seraient sans effet, l'huissier procéderait alors à la saisie. Je serais obligé de « subir », ma dette serait à « maturité ».

Mme M. U. — Je ne pensais pas que l'on pouvait se libérer d'un karma, qu'il fallait en subir les conséquences...

M. P. A. — Le karma est-il toujours associé à une dette?

M. Réant. — Il s'agit d'un bilan du passé, donc ce bilan peut être positif ou négatif, l'actif et le passif, et faire resurgir les tendances et désirs latents.

M. P. A. — Si l'on considère qu'il s'agit de libération, je dis non!... Pourquoi courir à la libération, si ce sont les désirs et intentions en nous qu'on doit assouvir. Ces tendances sont généralement positives. Quelqu'un qui a envie d'être roi, s'il porte ces gènes en lui, c'est du karma, il sera un jour roi, c'est un désir d'être.

M. Réant. — Il y a aussi celui qui a le désir de détruire, de dominer par la force, alors lui aussi se prépare un karma, mais pas dans le bon sens. C'est pour cela que, dans les réincarnations successives, il y a évolution posivite ou décadence. Chacun est libre de choisir ce qu'il veut.

Mme H. I. — Il n'est pas possible de se libérer, d'un seul coup, d'un gros karma négatif?

M. Réant. — Je puis dire qu'il est difficile de s'en libérer, mais pas impossible, il faut être courageux.

Il y a aussi ceux qui semblent avoir un karma présentant une certaine négativité, alors qu'il s'agit d'une épreuve, généralement choisie pour le bien des autres, les exemples ne manquent pas dans les saints évangiles.

Je connais des gens qui pourraient faire fortune, posséder tout ce qu'ils désireraient, mais leur sagesse les laisse dans une modestie déconcertante pour la plupart des humains. C'est ce qui prouve que l'on fait ce que l'on veut, dans un certain sens. Ce qui est important, c'est de pencher du bon côté.

Mme M. U. — Il est important de prévoir les vies suivantes...

M. Réant. — Oui, c'est pour cela que je n'insisterai jamais assez sur le contrôle permanant des pensées, elles ont une loi[1].

Lorsque vous croyez faire un contrôle permanent de vos pensées, en réalité, cela ne dure que quelques instants, parce que l'habitude que vous avez de disperser vos pensées domine en vous. Cette habitude vous met dans l'esclavage, vous conditionne et vous laisse, contrairement à ce que vous pourriez croire, comme des automates, dont la vie serait totalement réglée à l'avance, sans pouvoir réagir efficacement dans certaines circonstances du cours de l'existence matérielle.

Si vous contrôlez sérieusement vos pensées, vous vous apercevrez que, bien souvent, vous vous laissiez séduire par des pensées trompeuses, et que vous agissiez selon elles.

---

1. Se reporter à l'ouvrage intitulé *Parapsychologie pratique pour tous*, Éditions du Rocher.

Contrôlez toutes vos pensées, tout ce que vous faites. Lorsque vous arriverez à toutes les maîtriser, ainsi que vos faits et gestes, sans oublier votre langue, les pensées négatives qui pourraient vous assaillir s'éloigneront loin de vous. Fouillez jusqu'au plus profond de vous-même, afin de décrypter le moindre défaut pouvant porter ombrage à votre évolution spirituelle. Ne perdez pas de vue le but à atteindre, nous sommes sur terre pour purifier notre esprit. Faites vite, car la vie matérielle est très courte, elle passe comme un rêve.

Celui qui maîtrise ses pensées est susceptible de réaliser des choses incroyables.

Certains scientifiques pensent que de réanimer un mort est tout à fait impossible selon les connaissances actuelles. D'autres disent : « Pourquoi pas ? »

Pourquoi ne serait-il pas possible de réanimer une personne ayant un « héritage » karmique le permettant, ce qui semble assez rare. Pourquoi la nature ne lui ferait-elle pas une petite faveur, si faveur il y a ?

Mme C. A. — Il y a encore un problème que l'on se pose... Certains gens disent que telle personne ne peut pas guérir parce qu'elle « purge » son karma négatif !

M. Réant. — Ce n'est pas forcément valable, il se peut qu'il s'agisse d'une épreuve. Prenons par exemple une maman dont l'enfant a une infirmité. Si l'on dit à cett maman que son enfant a un karma négatif, comment va-t-elle réagir ? Cela est grave, car il peut y avoir diverses raisons pour cela, en dehors d'un karma négatif.

M. C. A. — Il se peut que, en dehors d'une épreuve, ce soit l'un des parents directs qui ait un karma négatif ?

M. Réant. — Oui, cela se pourrait, mais ce n'est qu'une hypothèse basée sur une incertitude. Cette question est très délicate, il faut être très prudent et ne pas juger en aveugle.

Je pense que nous ne devons juger que notre propre karma, pas celui des autres. A bien dire, nous ressentons ce qui domine en nous; s'il ne s'agit pas d'un karma de vies antérieures, il se peut que c'en soit un en cours d'évolution. Nous pouvons repérer nos défauts, nos qualités, nos faiblesses. Il n'est pas nécessaire que l'on nous les fasse remarquer. Il faut s'analyser. Nous pouvons aussi tenir compte des réactions des autres vis-à-vis de nous. Par l'observation nous pouvons connaître la plus grande partie de notre karma, mais lorsqu'il s'agit de celui des autres, même si l'on constate qu'ils ont fait quelques erreurs dans le passé, il peut toujours se glisser un doute pour l'observateur non initié.

Mme B. O. — Vous faites bien de mettre le point là-dessus, parce que, justement, cela me gêne parfois de constater certaines choses qui se passent autour de moi. Forcément, il y a le mot karma qui vient automatiquement, et j'essaie de ne pas en tenir compte, cela est assez difficile. On veut aider les autres, et leur faire comprendre... Le raisonnement n'est pas bon, la façon de penser n'est pas toujours conforme.

M. Réant. — Certes, nous avons une grande étude à faire sur nous-même, mais ne faisons pas ici de religion, mais de la parapsychologie. Quoi qu'il en soit, il s'agit tout de même de spiritualité. Pour celui qui croit en une religion ou non, cela ne change rien, nous donnons un nom, c'est tout.

LA RESPONSABILITÉ DES ADULTES SUR L'AVENIR KARMIQUE DES ENFANTS

L'enfance est la plus délicate période de la vie. C'est durant cette période que tout prend des proportions démesurées dans les domaines objectif et subjectif. Age auquel la sensibilité est susceptible de subir de dures épreuves, pouvant engendrer certaines perturbations psychologiques, voire même pathologiques, bien souvent irréversibles.

Les parents et les éducateurs ont un rôle prépondérant à jouer et doivent en être très conscients.

L'enfant reste marqué par certains événements, mais aussi, et surtout, par le comportement de ceux qui l'entourent. Le moindre geste, le moindre mot reste significatif durant une longue période de la vie, et la totalité du vécu de l'enfant contribue à déterminer une partie du comportement de celui-ci, devenu adulte.

Les parents sont les premiers concernés par les problèmes de l'enfance, non seulement pour l'avenir de l'enfant, mais aussi pour leur propre avenir.

Nous allons essayer d'aborder ces problèmes dans leurs diverses formes.

Le complexe d'Œdipe

Ce complexe excessivement courant naît essentiellement des rapports entre enfants et parents. Il intéresse donc tout particulièrement l'éducateur, et je conseille aux parents d'y focaliser la plus grande attention.

La connaissance de son mécanisme assez subtil, souvent, permet d'en éviter les conséquences pénibles.

Les psychologues et parapsychologues savent combien de maladies psychosomatiques ou troubles psychologiques en découlent. Des vies entières sont perturbées à cause de ce complexe. Il amène fréquemment la peur, la timidité, le sentiment d'infériorité, les sentiments de culpabilité sans motif apparent, la sensation, pour les enfants, d'être « tolérés » par les parents, par toutes les personnes qui les entourent, de près ou de loin; ils se sentent désarmés dans la vie, ce qui peut donner naissance à une certaine agressivité.

Les causes :

Exemples :
Père trop dominateur, trop sévère, plus ou moins violent en paroles, ou en actes, envers l'enfant.
Mère trop agressive, trop envahissante, dominatrice; manque de tendresse ou de compréhension.
L'enfant. Il arrive que l'enfant devienne jaloux de son père. Il souhaite, consciemment ou non, que son père lui laisse entièrement sa mère. Il est important, alors, que les parents évitent de s'embrasser devant l'enfant, sans que ce dernier soit mis au premier « plan ».

La fille ne doit jamais être maltraitée par son père, ce qui aurait pour effet de porter atteinte à la féminité de l'enfant, et engendrer un rejet plus ou moins définitif de celle-ci pour son père. Il en est de même pour le jeune garçon envers sa mère.

L'enfant doit se sentir sécurisé, encouragé par ses parents.

Le complexe d'Œdipe produit chez l'enfant une sorte de blessure morale, dont la cicatrisation ne peut s'effectuer qu'entre parents et enfants, sinon le complexe s'incruste jusqu'à l'âge adulte, où il produit ses désastreux effets.

Parmi les vingt-deux règles de la volonté, selon Hermès-Thoth, il est dit ceci : « Une chaîne de fleurs est plus difficile à briser qu'une chaîne de fer. »

Chez les parents dignes de ce nom, la famille est comparable à une chaîne de fleurs. Mais, lorsque cette chaîne est brisée, elle n'est que très rarement réparable. On n'obtient rien par la violence, chaque problème de l'enfant doit être étudié avec soin par les parents, dans les moindres détails, car il y a toujours une raison à chaque cause.

Les enseignants :

J'avais sept ans. Lorsque venait le jour dont la matinée était réservée au sport, j'étais pétrifié de peur, pour la bonne raison que ma constitution physique ne me permettait pas d'effectuer les mêmes efforts que mes camarades de classe, qui étaient plus âgés que moi.

Ce qui m'a marqué le plus, ce furent les séances « sportives » durant lesquelles l'instituteur, qui faisait également fonction de professeur de sport, nous lançait un ballon rempli de sable, qui me semblait très lourd. Lorsque celui-ci m'était envoyé, j'essayais, comme il se devait, de l'attraper avec mes deux mains. C'était là que mon calvaire commençait.

Au premier exercice, sous la violence du choc, je sentais une vive douleur dans mes deux poignets. Au second, mes deux poignets devenaient très douloureux, je demandais à l'instituteur de ne plus faire cet exercice, en lui signalant que je souffrais des deux poignets, mais il n'en était rien, et il m'obligeait à continuer... Je recevais le ballon au niveau de l'estomac, ce qui me faisait perdre le souffle durant plusieurs secondes, qui me paraissaient à chaque fois très longues... Je n'obtenais toujours pas l'autorisation de ne pas participer à cet exercice, alors, lorsque le ballon arrivait vers moi, je tentais de m'esquiver, afin d'éviter le choc, ce qui me valait un coup de pied au derrière et une paire de claques qui résonnaient dans ma tête, laquelle restait douloureuse durant une bonne demi-heure. La semaine suivante, au cours de ce même exercice, je dus être transporté dans une salle de classe restée vide, je sentais une vive douleur au niveau de l'estomac. Une institutrice, qui avait vu la scène, s'occupa de moi, et les semaines qui suivirent, je fus exempté de sport, lorsqu'il s'agissait d'exercices avec ce ballon.

Cet exemple est loin d'être unique, hélas ! Je n'osais pas parler de cela à mes parents, de crainte que mon père aille « corriger » l'instituteur, car mon père était très violent lorsqu'il s'agissait de défendre ses enfants, qu'il aimait pardessus tout.

De nos jours encore, quelques enfants subissent certaines humiliations verbales, durant leurs années scolaires. Selon les sujets, à ma connaissance, qui ont eu à s'en plaindre, il semblerait que ce soit en sport ou en mathématiques, le plus souvent, qu'ils rencontrent, parfois, ce genre de problème.

L'adulte ne fait généralement pas assez attention à la vulnérabilité des enfants, ÇA AUSSI FAIT PARTIE DU KARMA.

ÉTUDE FAITE AVEC MES ÉLÈVES SUR L'ENTRE-DEUX-VIES D'UNE PERSONNE DU GROUPE D'ÉTUDE

RÉSULTATS OBTENUS :

Mme L. A — Je me suis trouvée dans un endroit très clair, un peu comme si je regardais le cosmos. Il y avait des configurations rouges ou vertes un peu partout, dont les formes se transformaient pour changer de place. Je pense que l'une de ces formes était Mme A. H. (la personne étudiée). Puis je vis un plafond qui se perçait pour qu'elle puisse monter, et ça s'est refermé derrière elle. Alors, les lumières que j'avais vues sont restées au niveau inférieur, et ensuite au-dessus et au-dessous, c'était très curieux.

M. Réant. — C'est intéressant ce que vous dites, cela me fait penser à une sortie hors du corps, faite avec un autre groupe d'élèves, le samedi 4 juin 1983, à 14 h 30 (*Parapsychologie pratique pour tous*, p. 108-109, Éditions du Rocher).

Au cours d'un voyage extra-terrestre, le retour sur la Terre présenta ce jour-là quelques difficultés. En approchant notre planète, qui semblait nous refouler, nous nous trouvâmes à environ 12 000 kilomètres de la Terre, tout se passa comme si la bande de radiations cosmiques de cette zone nous interdisait le passage. Bien que ces radiations semblassent mortelles pour le corps physique, elles demeurèrent inoffensives pour un être en état de dédoublement, et cela je le savais par expérience. J'avoue que cette zone perturbatrice avait un peu angoissé mes compagnons de voyage à l'idée de ne pouvoir retourner sur la Terre, mais je savais qu'il n'y avait rien à craindre, que les bandes de radiations cosmiques n'enveloppaient pas entièrement la Terre, qu'elles laissaient libres des couloirs qui oscillent le long de l'axe magnétique de la Terre. Nous parvînmes à franchir le « barrage » et réincorporâmes chacun notre corps physique.

D'autres expériences du même type furent faites par trois autres groupes d'élèves, les réusltats furent sensiblement les mêmes.

M. J. M. — Je n'ai pas vu de couleur, juste des contours blancs qui changeaient de forme. Mais avant ça, je me suis senti aspiré dans l'espace... Je voyais la Terre, les planètes, ensuite des contours humaniformes dans une brume à dominance bleu clair. J'avais l'impression que Mme H.A. était oubliée, il n'y avait personne autour d'elle.

Mme M. A. — J'ai vu tout d'abord des couleurs, du jaune, un peu de vert et beaucoup de bleu au-dessus, et j'ai vu... c'est difficile à traduire, comme une comète, quelque chose d'allongé beaucoup plus lumineux, d'un blanc légèrement bleuté, qui se déplaçait doucement vers le haut.

Mme M. U. — Au départ, c'était un homme jeune, mort accidentellement. Ensuite, je sens un peu d'inconscience, ça n'a pas duré. Dans un premier temps, je pense qu'elle n'avait pas conscience qu'elle était morte, je dis « elle » mais elle était bien un homme. Elle a rencontré des gens qu'elle aimait, mais elle ne leur a pas porté beaucoup d'attention. Elle était contente de les retrouver, mais ne semblait pas avoir de temps à perdre, elle a souri gentiment, un point c'est tout.

Elle est ivre d'espace, elle s'aperçoit qu'elle peut voyager, alors la voilà partie. Je la vois ensuite avec un guide spirituel. Elle a pris conscience d'avoir quitté son corps physique... Elle harcèle ce gars-là, jusqu'à ce qu'il lui confie une mission. Alors, elle finit par avoir une mission.

Elle ne s'est pas beaucoup occupée d'elle au niveau spirituel, mais elle a un peu secoué les gens, pour leur bien.

M. P. E. — Moi, après sa mort, je l'ai retrouvée entourée de blanc, comme un fantôme. Et puis elle s'est retrouvée dans une pénombre, vraiment à errer, à ne pas savoir où elle se trouvait. Sa tête s'était un peu recourbée. Elle continua pendant longtemps à errer en se demandant ce qu'elle faisait là. A côté, il y avait des gens qui se réunissaient... Elle a séjourné longtemps dans ce lieu, comme pour faire quelque chose, pour se mêler à ces personnes-là.

Elle découvrit dans cet autre monde la réalité de l'existence d'une collectivité, d'une vie collective. Puis elle s'est mise avec les autres, qui formaient un cercle, un peu comme pour prier...

Toutes ces formes là étaient, toujours en formant un rond, penchées sur une immense lumière qui n'avait pas de couleur, mais pure, alors là, ça m'a impressionné... Je n'ai pas voulu plonger dedans, j'ai eu un recul, parce que ça me dépassait, mais c'est intéressant de voir le temps très long d'isolement, de solitude, et puis l'idée de se joindre aux autres. C'était quelque chose qui changeait, comme s'il y avait une évolution qui s'était faite entre les deux vies, la notion de participer à une action collective.

M. C. H. — J'ai vu une forme qui avait des contours assez irréguliers, puis je me suis senti revenir en arrière, alors j'ai eu l'impression de me trouver sur une planète... Mme H. A. était là, me tournait le dos, et travaillait à quelque chose. Elle était un maillon d'une collectivité. La lumière était un peu blafarde, pas très lumineuse. L'ambiance avait un côté austère.

Mme M. R. — Le fait qu'elle meurt ou qu'elle ne meurt pas ne m'est pas du tout apparu. Je n'ai même pas pensé à ça, j'ai eu tout de suite l'impression d'un bond, et alors elle s'est retrouvée dans l'espace, et, ce qui m'a paru drôle, c'est de la voir subitement bavarder, comme ça, sans qu'elle se pose la question : « Est-ce que je vole ?... Est-ce que je marche ?... » Elle était dans l'espace, et je voyais la Terre au-dessous. Autour d'elle il n'y avait rien du tout, simplement l'espace. Elle était pensive...

Mme R. E. — Je me suis replacée au moment où « il » a été tué en Terre sainte (vie antérieure effectuée par le groupe d'élèves). Je me suis dit je vais la suivre en me dédoublant en esprit, puisqu'il n'est pas nécessaire de se dédoubler totalement. Je me suis sentie aspirée, et j'ai eu du mal à ne pas partir avec elle. Alors je me suis dit il faut que je me tienne loin d'elle, je vais la laisser.

Au départ, j'ai eu l'impression qu'il y avait des gens qui venaient la chercher, ça m'a fait rire, parce qu'elle conservait toujours, comme à présent, son indépendance, elle a dit « Bonjour ! » puis elle est partie. Je me suis retrouvée alors dans un espace très lumineux... Il y avait du rouge, du bleu et du violet. Ensuite, j'ai entendu quelqu'un qui lui disait : « A présent, nous allons t'aider parce qu'il faut que tu t'améliores, alors tu vas aller faire un petit stage sur Mars puis sur Vénus. Après tu iras sur le Soleil. Il faut que tu travailles un peu parce que tu es trop indépendante, il va falloir que tu penses un peu aux autres, et quand tu auras fait ces trois séjours, tu redescendras sur la Terre pour t'occuper des gens. Il faut quand même que tu t'occupes un peu d'eux, et tu vas avoir du travail à faire. »

Quand je suis revenue sur le Soleil, j'ai eu la même impression que lorsque nous y sommes allés en groupe[1].

M. Réant. — Elle a l'esprit martien à étudier, et celui de Vénus.

---

1. Voir à *Pratiquez la parapsychologie*, Éditions du Rocher.

Mme R. E. — Oui, je crois qu'il faut qu'elle réfléchisse là-dessus, il faut qu'elle aide un peu les autres, elle devait ne s'occuper que d'elle.

Mme A. H. (le sujet) répond. — Cependant, j'ai l'impression que je m'occupe des autres.

Mme R. E. — Oui, mais c'est peut-être parce que vous vous en occupez mal?

Mme A. H. — Oui, les gens pensent toujours que je veux leur en mettre plein la vue, mais ce n'est pas du tout ça.

Mme R. A. — Dans cette vie?

Mme A. H. — Oui, j'en suis très blessée, parce que ce n'est pas du tout ça que je voulais, je n'ai ou ils n'ont rien compris.

Mme R. E. — Il faut changer de manière.

M. Réant. — Ils ont peut-être ressenti quelque chose de martial en vous?

Mme A. H. — Peut-être que je suis trop brusque.

M. Réant. — C'est bien pour ça qu'il vous faudra bien méditer sur les deux planètes en question où vous avez d'ailleurs déjà fait un séjour.

Mme R. A. — Cela me semble curieux, parce que je me suis dit : Mars était considéré par les Romains comme étant le dieu de la Guerre, et que vous étiez, dans votre précédente vie, un soldat, un croisé, mort en Terre sainte... Et Vénus? Pourquoi?

M. Réant. — Vénus était la déesse de la Beauté dans la mythologie latine, mais Vénus inspire aussi la bonté.

M. P. E. — C'est intéressant de noter, au point de vue

type physiognomonie, que Mme H. A. est marquée par Mars et Vénus aussi. Il y a chez elle de l'énergie martienne et une douceur, si vous voulez.

Mme R. E. — Qu'est-ce que la physiognomonie?

M. Réant. — Je pense que je dois ouvrir ici une parenthèse, pour donner un simple aperçu à ce sujet.

LA PHYSIOGNOMONIE

La physiognomonie, basée sur l'examen de l'aspect physique comparé à l'aspect moral, n'entre pas dans le cadre de la parapsychologie. Il s'agit plutôt là d'un rapprochement de certains types humains, avec les tendances astrales des planètes : Jupiter, Lune, Mars, Mercure, Saturne, Soleil et Vénus.

Le visage et le corps de l'individu sont marqués par le ou les tendances planétaires qui dominent en lui.

JUPITER

Les Jupitériens ont un visage rectangulaire, un front bien proportionné : yeux grands, riants, regard droit, sourcils un peu éloignés de la racine du nez, lèvres épaisses, menton avec une fossette, teint blanc rosé, cheveux généralement châtains, calvitie prématurée, caractère bienveillant, démarche et gestes élégants, voix agréable.

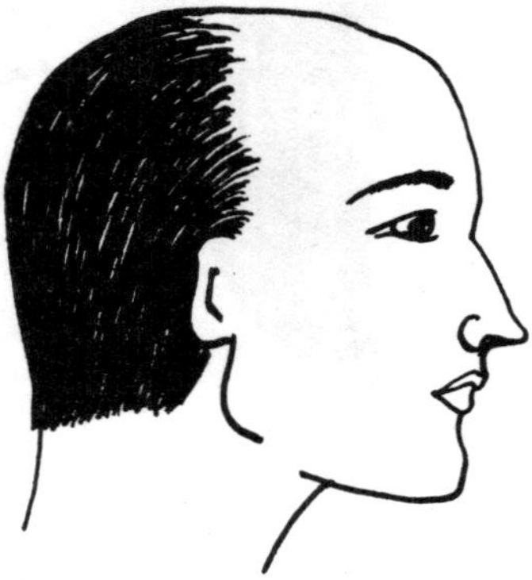

Jupitérien

Le Jupitérien est un homme d'honneur qui a le respect du droit et du devoir, en qui on peut avoir confiance. Il aime à rendre service, supporte très mal que l'on porte atteinte à son autorité et est, généralement assez chanceux.

LUNE

Les Séléniens ont la tête et le visage ronds, front incliné en arrière, plus large que haut.

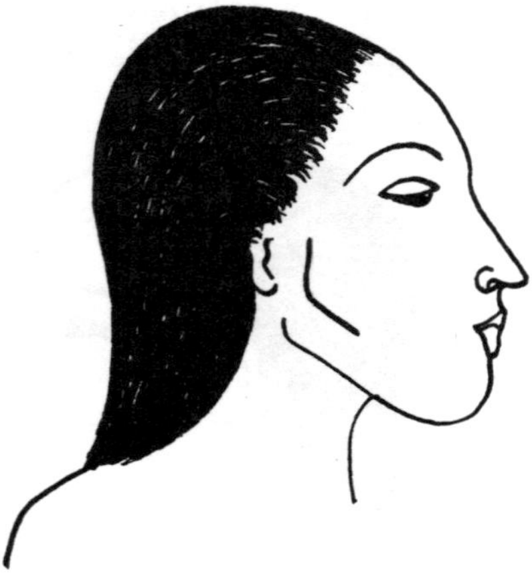

Sélénien

Les cheveux sont généralement souples et fins, de couleur claire. Le teint est pâle. Lèvres épaisses et arrondies. Yeux à peine ouverts. L'expression du visage est songeuse et mélancolique. Caractère impressionnable et timide. Recherche souvent la solitude.

MARS

Les Martiens sont reconnaissables à leur vulgarité et sont le plus souvent brutaux.

Martien

Ils exagèrent en tout. Il y a une rudesse dans leurs façons d'agir. Les cheveux sont blonds ou roux. La face arrondie avec pommettes saillantes, les joues musclées. Teint brun-rouge. Nez creusé à la racine et ensuite forme presque droite. La commissure des lèvres forme une courbe vers le bas. Le menton forme une saillie carrée en avant. La voix est forte et rude. Vigoureux de constitution. L'attitude semble menaçante, ils sont très enclins à la colère. Mains épaisses et courtes. Forte tendance à s'enivrer avec du vin ou des alcools, en général ont toujours soif.

MERCURE

Les Mercuriens sont sveltes et bien constitués, mais généralement petits.

Mercurien

Apparence un peu féminine chez les hommes. Visage très agréable. Généralement très intelligents. Grande activité cérébrale. Très adroits physiquement et spirituellement. Ont une grande faculté d'imagination. Ils sont éloquents et persuasifs. Sont intuitifs et aiment tout ce qui semble mystérieux. Sont nerveux, leur marche est rapide et souple. N'aiment pas rester longtemps à la même place, et sont toujours en mouvement, faisant des gestes rapides et gracieux.

SATURNE

Les Saturniens sont taciturnes, mélancoliques et austères. Teint très pâle, parfois tirant sur le jaune. Yeux marron foncé.

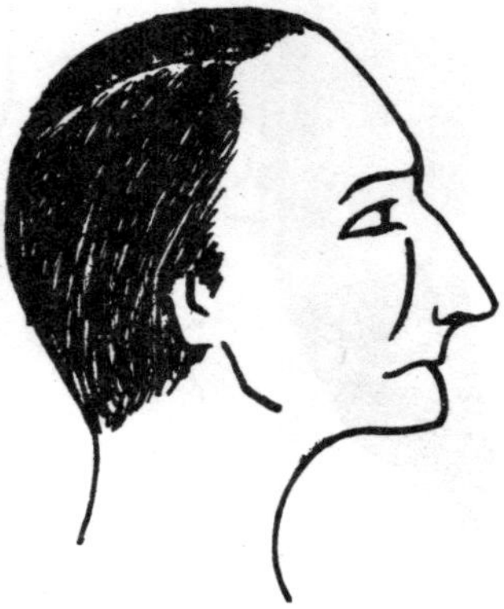

Saturnien

Regard, pénétrant et sévère. Arcades soucilières saillantes. Sourcils épais. Front osseux et carré. Nez saillant et courbé, s'amincissant vers le bout, grand et osseux. Lèvres minces. Menton anguleux et saillant. Pommettes anguleuses et saillantes. N'aime pas rire. Pomme d'Adam très saillante. Cou maigre et long. L'ensemble du corps est maigre et osseux, le dos légèrement voûté.

SOLEIL

Les Solariens ont une grande maîtrise d'eux-mêmes.

Solarien

Caractère calme, impassible. Regard fixe, doux et sévère à la fois. Dominateurs, sans être provocants. Front dégarni. Bouche moyenne, lèvre supérieure déborde légèrement. Nez aquilin. Visage ovale ou rond. Teint un peu jaune. Cheveux blond-roux. Démarche majestueuse. Caractère incorruptible et réservé, simples dans la vie privée, mais aiment s'entourer de luxe lorsqu'ils sont en dehors de chez eux, de leur vie privée. Aiment à rayonner et à protéger. Aiment les sciences, les arts et les lettres.

VÉNUS

Les Vénusiens sont bienveillants, gais, ils aiment les bijoux, les jolis vêtements. Ils sont attirés par tout ce qui est beau et désirent plaire.

Vénusien

Teint blanc et rosé. Lèvres épaisses, harmonieuses, bien colorées. Joues et menton avec fossette. Yeux ornés de longs cils, la prunelle est très dilatée. Regard doux. Nez de forme régulière, le bout en est arrondi.

M. Réant. — Revenons à notre étude.

Mme M. U. — Nous avons trouvé dans les vies incarnées, que Mme A. H. était indépendante, mais qu'elle s'occupait aussi des autres, il y a quand même un équilibre?

M. Réant. — Oui, mais elle a mal compris.

Mme A. H. — J'ai déjà changé, d'ailleurs.

M. Réant. — Elle ne s'exprime pas assez clairement, n'a pas trouvé la bonne formule. Il y a des gens qui veulent faire le bien, mais leurs paroles semblent agressives, alors, malgré leur bon cœur, un mur se dresse entre eux et ceux qui les entourent.

Mme A. H. — Il est vrai que l'on me reproche mon parler rude, mais je n'y peux rien, je suis comme ça.

M. Réant. — Voyez, c'est intéressant de faire ce genre d'étude, parce que cela est une analyse permettant de faire ressortir les qualités et les défauts, afin de mieux gouverner notre évolution spirituelle. Cette étude est d'autant plus intéressante que, dès le départ, Mme A. H. a été bien captée[1]. Cela veut dire que tous les participants étaient bien « branchés », et bien disponibles pour faire cette étude dans un temps qui était non seulement limité, mais aussi à une heure « imposée ». Si les résultats s'étaient avérés disparates, nous aurions pensé que le reste eût été dépourvu d'intérêt.

Lorsque l'on fait une rétrocognition de vie présente, avec succès, sur un sujet, et ensuite une précognition, pour le même sujet, les résultats positifs obtenus peuvent varier entre 70 % et 95 %, selon les cas et les sujets de voyance abordés pour la précognition, ce qui est considéré comme parfait, étant donné qu'il n'est pas possible d'obtenir des résultats positifs à 100 %, puisque l'être humain n'est pas « programmé » à 100 %[2]. Donc, dans le cas d'une exploration dans une vie antérieure ou entre deux vies, nous pouvons estimer que, si l'étude de la vie présente du sujet à étudier est positive, celle qui s'enclenche sur l'entre-deux-vies et une vie antérieure peut refléter une certaine vérité.

Mme B. S. — Nous avons remarqué que dans certaines études il arrive que des vies antérieures différentes puis-

1. Afin d'éviter aux lecteurs de longs passages dépourvus d'intérêt pour l'étude de cette expérience, je n'ai pas relaté les précédentes incarnations de Mme A.H.

2. Car il faut tenir compte de la marge de liberté et d'initiative qui a été attribuée à chaque être humain.

sent être décryptées, pour une même personne, et que curieusement chacune de ces vies antérieures est relatée par plusieurs participants.

M. Réant. — Bien sûr, et cela est intéressant de le constater et d'exclure la possibilité d'un parasitage d'ordre télépathique, puisque des barrages ont été faits à l'aide de coques psychiques. Le même phénomène est susceptible de se produire lorsque l'on fait des explorations dans l'avenir d'un individu, par exemple, si l'on pose cette question : « Que va-t-il arriver à telle personne le mois prochain ? »

Certains « explorateurs » donneront des informations qui se révéleront par la suite très précises, en respectant le laps de temps demandé. D'autres seront capables de donner les mêmes informations, mais les événements prévus ne se réaliseront que plusieurs mois, voire même une ou deux annés après. C'est ce que j'appelle une erreur de tir. En effet, une projection psychique peut être comparée à un tir à la carabine. Un très mauvais tireur manque sa cible, un tireur moyen touche la cible, mais pas toujours le centre, et un bon tireur touche le centre, mais il peut aussi lui arriver de s'en écarter légèrement... Il en est de même pour l'extraction de l'information dans les vies antérieures ou entre deux vies, le tireur expérimenté doit, normalement, capter l'antériorité choisie, il peut aussi rester dans la cible (la cible étant le sujet à étudier) sans en atteindre le centre, c'est-à-dire capter une antériorité précédente à celle désirée.

Mme B. S. — Serait-il possible, de la même façon, de voir les vies incarnées suivantes ?

M. Réant. — Vous voulez dire explorer les prochaines incarnations ?

Mme B. S. — C'est cela !

M. Réant. - La voyance dans l'avenir soulève beaucoup de problèmes. Les risques d'erreur, de suggestions télépathiques, parfois aussi de psychologie inconsciente, et un troisième élément encore mal défini, plus le risque d'une programmation du sujet, résultant d'une suggestion, ou autosuggestion inconsciente, doivent être pris en considération. Il faut être très conscient de l'impact que peut provoquer une prédiction erronée. Le pourcentage d'erreur, dans la prédiction d'avenir, est de l'ordre de 10 %, dus à des émissions télépathiques de projets ou de désirs extériorisés par le sujet ou son entourage, plus 5 % d'erreur dus à des perceptions sur le passé; plus encore 5 % d'erreur, dont les causes restent inconnues. Tout ceci, pour une vie présente.

Pour en revenir à votre question, cela serait possible, mais il y a un « interdit », afin de ne pas modifier ou influencer le libre arbitre de son prochain. Nous sommes incarnés pour améliorer notre karma, donne-t-on aux élèves les résultats des examens avant qu'ils ne les aient passés?... Je ne le crois pas.

M. C. L. — Mais comment se fait-il que, lorsque l'on fait une entre-deux-vies, l'on soit aspiré, alors que dans les autres rétrocognitions cela ne se produit pas? J'ai un peu l'impression de me dédoubler sans le vouloir.

M. Réant. — Parce que vous entrez dans une vie immatérielle passée, et que vous vous placez sur le même plan que la personne désincarnée, dans cet « espace-temps », pour pouvoir la percevoir. Il faut bien faire la différence entre un dédoublement ordinaire et celui dont vous parlez. Vous rentrez là dans la vie réelle et présente, bien que vous vous soyez projeté dans un passé. La vie réelle n'est pas la vie « incarnée ». Ceci était bien connu des Anciens. L'évangile selon Matthieu rapporte ceci :

« Un autre d'entre les disciples lui dit : "Seigneur, permets-moi d'aller d'abord ensevelir mon père".

Mais Jésus lui répondit : "Suis moi, et laisse les morts ensevelir les morts." »

Lorsque vous aurez l'habitude de faire cela, vous vous

apercevrez que la vie désincarnée est bien plus « meublée » que celle-ci en événements de toutes sortes... La durée de l'entre-deux-vies est, d'ailleurs, de six à sept fois plus longue que celle incarnée.

Pour l'instant, vous ne voyez pas grand-chose, parce qu'il est difficile de soutenir une expérience comme celle-ci très longtemps. Avec de l'entraînement, vous pourrez aller très loin, et les choses que vous verrez sous forme d'animations sembleront sortir de l'imagination, parfois à la limite du rêve, dans les débuts. Par la suite, lorsque vos facultés seront entièrement éveillées, vous les verrez comme vous me voyez ici, aussi clairement, et même mieux encore, parce que vous ne serez plus alourdi par votre corps physique. Actuellement, vos perceptions et vos souvenirs, lors d'une expérience hors du corps, sont amoindris, la preuve, vous ne vous rappelez pas de tous les détails. Maîtriser ses facultés psychiques, c'est le chemin de « l'éveil ».

Certaines personnes en état de dédoublement ont parfois, spontanément, une telle sensation de réel, qu'elles provoquent des effets physiques, c'est ce qui est arrivé à Mme P..., au cours qui a eu lieu le samedi 26 septembre 1983 au matin.

Ce jour-là, une surprise nous attendait. Mme P., qui pour la première fois se dédoublait, devait, avec plusieurs anciens élèves et moi-même, en état de dédoublement normal, se rendre sur le toit de ma maison pour y faire ses « premiers pas ». Elle eut l'impression de glisser sur les tuiles et, comme tous les débutants, conserva des impressions « physiques » semblables à celles qu'elle aurait eues si cela s'était passé avec son corps matériel; elle s'accrocha à la gouttière.

L'expérience terminée, Mme P. relata son exploit dont nous avions été témoins, mais elle insista tellement sur la netteté de ses sensations que je sortis vérifier cette gouttière... Surprise! elle se trouvait tordue. Étant revenu dans la salle de cours avec mes élèves, je lui demandai de me dire à quel endroit exact elle s'était accrochée. Elle précisa cet endroit qui, effectivement, était réel, les élèves et moi-même, je le reprécise, l'avions vue glisser. Nous sortîmes tous pour admirer la déformation de la gouttière. Je pense qu'il s'est produit une torsion par l'action de la pensée « vivante » de Mme P. au moment de sa chute.

Cela est susceptible de se produire, bien que ce soit très rare, chez les débutants, parce qu'ils conservent leurs habitudes et réflexes.

Progressivement l'on s'aperçoit que les choses sont belles dans le monde des désincarnés ; les lumières, les couleurs sont beaucoup plus vives, le champ auditif et visuel est bien plus large que celui perçu par les organes du corps matériel. Certains sons et couleurs, perceptibles en état de dédoublement, ne le sont pas lorsque nous sommes en état d'incarnation.

Mme E. Z. — Est-ce que l'on peut faire l'expérience chez soi, sans problème ?

M. Réant. — Comme je l'ai souvent dit, lorsque vous sentez des angoisses, il faut vous arrêter AUSSITOT, cela peut se produire lorsque le corps physique n'est pas habitué au dédoublement volontaire, ou alors parce qu'un danger extérieur surgit.

EXPÉRIENCE D'ENTRE-DEUX-VIES FAITE AVEC UN AUTRE GROUPE D'ÉLÈVES

Mme S. O. — Moi, j'ai d'abord vu du brouillard, ensuite j'ai essayé de voir, et j'ai eu la sensation d'être aspirée. Puis j'ai vu des gens qui rampaient, ils me donnèrent l'impression de grosses bêtes marchant à quatre pattes, ça grouillait... C'était gris sombre, et à un endroit il y avait comme un faisceau de lumière bleue vers le haut... J'avais l'impression d'être dans un tunnel ou sous-sol, avec une cheminée, et les formes d'adultes, presque d'enfants, je ne sais pas... mais elles étaient petites, ces formes arrivaient sous cette lumière bleue et essayaient de se lever pour partir ; apparemment, elles étaient trop faibles, retombaient et continuaient à ramper, allant alors vers l'endrot le plus sombre. Ce n'était pas beau... J'étais mal à l'aise.

M. C. H. — Au départ j'ai vu un brouillard gris assez foncé, et puis, en haut, une boule noire qui grandissait progressivement, devenant de moins en moins noire... Plus elle grossissait, plus elle se déformait. Puis ce fut comme si elle commençait à irradier, ou alors il y avait des choses qui la pénétraient, je ne sais pas très bien, mais il y avait une interaction...

M. P. A. — J'ai l'impression d'un monde, à la limite, sans forme, laiteux, assez lumineux. J'ai vu des formes ovoïdes et, progressivement, il y a eu des couleurs qui sont venues... les sept couleurs de l'arc-en-ciel, puis d'autres plus lumineuses que celles de l'arc-en-ciel, mais opalescentes en même temps, un peu nacrées... De grands mouvements de couleurs se promenaient, mais rien de formel, plutôt des mouvements colorés d'énergie...

Mme M. A. — Alors, moi, je n'arrive pas à explorer l'entre-deux-vies en partant de M. C. R. Je reste attachée à sa vie antérieure, lorsqu'il était en Asie, moine bouddiste. Je pense qu'il a bien évolué sur le plan spirituel, j'ai vu un grand symbole, une couronne de lumière... Il est arrivé à un niveau spirituel qu'il voulait atteindre.

Mlle D. E. — J'ai vu la forme d'un moine... son visage était masqué... Je n'ai vu que l'ombre, après tout était nuageux. J'ai vu comme une partie du soleil, un peu caché... Ensuite, j'ai vu une boule lumineuse tourner.

M. Réant. — Comment était-elle, cette boule ?

Mlle D. E. — Il y avait un noyau, j'avais l'impression que c'était plein d'énergies tout autour, et tout ça dans un ensemble nuageux.

Mme A. A. — J'ai eu beaucoup de difficulté et ai essayé

de voir ce qu'il se passait après le décès. Alors, là, j'ai vu quelque chose qui partait du corps et revenait alternativement... J'avais du mal à me dégager, alors j'ai perdu beaucoup de temps. Enfin il y a eu un dégagement, et il s'est passé quelque chose, comme s'il arrivait une lumière pour nettoyer le corps du défunt, puis ce dernier sortit de son corps physique... Il partit. Ensuite, ça s'est transformé, et cela a fait comme une bille qui se déplaçait à la vitesse de la lumière, et à ce moment-là je sentis qu'il était dégagé... Il allait là où il voulait.

M. P. O. — J'ai vu un brouillard très blanc, puis j'ai vu apparaître sur le sol comme de l'herbe givrée, tout était blanc. J'ai vu comme des personnages blancs traîner quelque chose, comme une grosse masse noire, puis tout a disparu. Ensutie, j'ai vu une tête de vieillard en négatif, il apparaissait en blanc et noir... Il me faisait signe d'approcher...

Mlle R. L. — J'ai eu l'impression d'être dans un tunnel avec une lumière bleue... Plus j'avançais vers cette lumière, plus elle grossissait et se retirait. Je n'ai pas trouvé normal qu'elle grossisse en se retirant en même temps, j'ai eu peur et ai arrêté là l'expérience.

M. D. G. — Je me suis retrouvé comme si je volais dans une sphère supérieure très lumineuse, très éclairée, avec des lumières roses, des auréoles colorées étaient autour de moi... Je sentais que ça m'aspirait, j'avais peur de ne pas pouvoir revenir et j'ai arrêté mon exploration.

Mme C. O. — J'ai vu une planète lumineuse, très agréable, dont la teinte dominante était pâle, et cela dans une atmosphère très reposante, calme, sereine...

M. M. I. — J'ai vu deux boules bleues, et comme un corps cave[1] qui se promenait dans une ruine. Dans une atmos-

---

1. Le corps cave est une forme ovoïde lumineuse, bleu et rouge, qui apparaît autour des défunts et peut être perçue par les clairvoyants. Voir le livre intitulé *La Parapsychologie et l'invisible*, Éditions du Rocher.

phère opalescente, j'ai vu son visage au-dessus de quelque chose qui n'avait pas de contour précis, mais très bleuté, c'était merveilleux.

M. M. R. — Moi, juste après la mort, j'ai vu une sorte de tourbillon, la personne était emportée malgré elle, dans une sorte de couloir, avec des énergies... De temps en temps, il y avait une ouverture qui conduisait sur une sphère. J'ai pensé que c'était soit pour emmener cette personne sur une planète, ou?...

Mme B. F. — Au début, j'ai essayé de le voir comme il est. Puis ma perception s'est déformée, et à chaque fois j'ai vu une boule de lumière qui me donnait l'impression de posséder une forte intelligence, mais elle n'était pas aussi lumineuse que les boules que nous avons vues sur le soleil[1]. Ensuite, j'ai eu la très forte impression que la personne réfléchissait sur le passé de sa vie terrestre, puis je l'ai vue sous l'apparence d'une forme humaine assez nébuleuse.

Pour terminer, je crois qu'il est bon de méditer sur l'art de maîtriser sa langue. Chaque mot doit être mesuré avant d'être prononcé. La parole est comme l'allumette que l'on craque au pied d'une meule de foin, il faut la maîtriser dès le début; lorsque la meule est embrasée, il est trop tard.

---

1. Voir le livre intitulé *La Parapsychologie et l'invisible*, Éditions du Rocher.

LA MÉTEMPSYCOSE

Métempsycose : du grec *meta*, qui indique changement, en, dans, et *psukhê*, âme.

La métempsycose est une théorie très controversée. Il s'agit de la transmigration des âmes d'un corps dans un autre corps, plus précisément de la réincarnation de l'âme d'un être humain dans le corps physique d'un animal.

Selon cette théorie, un homme qui, d'une vie antérieure à une autre, augmente son agressivité, sa cruauté, etc., crée en lui une régression spirituelle qui le conduit à une dégradation de sa personnalité humaine, et se réincarne alors dans un corps physique bestial, dont il conserve de façon semi-inconsciente le souvenir de l'instinct humain.

Cette croyance était admise dans l'Antiquité par certains peuples d'Orient et encore actuellement en Inde et au Tibet. Cette croyance amène ceux qui l'admettent à ne pas manger de viande, ce qui pourrait exposer l'homme à se nourrir de la chair de l'un des siens.

Curieusement, à ma connaissance, aucune personne, au cours de régressions dans les vies antérieures, n'a fait mention d'un tel phénomène. Dans mes groupes d'étude et moi-même, des multitudes de régressions de vies antérieures ont été faites, et continuent à se faire, sans que nous ayons pu observer un seul cas de métempsycose dans le sens de la réincarnation d'une âme humaine dans un physique animal. Seules ont été constatées des interversions de sexes, de races et de comportement.

A mon avis, je pense que l'idée précitée que se font un grand nombre d'individus sur la métempsycose est due à une erreur d'interprétation. Dans le *Bardo-Tödol* (Livre des morts tibétain, p. 151) il est écrit : « Si à ce moment on entre dans un germe par la force des sentiments, d'attachement ou de répulsion, on peut aussi bien naître cheval, poule, chien ou être humain. » Et, en bas de la page : « Ésotériquement ce passage implique que, suivant le karma, on peut renaître avec les tendances particulières que les divers animaux nommés, cheval, poule, chien, symbolisent. »

Les personnages du poète Jean de La Fontaine symbolisent bien ces formes caractérielles que présentent plus ou moins les êtres humains.

Objectivement la physionomie et le comportement de certaines personnes reflètent un peu une apparence animale, ce qui paraît être en harmonie avec le passage ésotérique décrit dans le *Bardo-Tödol.* Il est certain que l'apparence animale caractérisée chez l'individu est tributaire de son karma.

LE FANTÔME DE LUCIE

Ce chapitre a pour but de compléter l'étude faite sur le fantôme du château de Veauce, suite à une quatrième expédition d'étude entreprise après la sortie du précédent ouvrage, intitulé *La Parapsychologie et l'invisible*, Éditions du Rocher.

Certains de mes lecteurs ne manqueront pas de me faire remarquer que je reviens souvent dans mes ouvrages sur des sujets déjà cités. Pour répondre par anticipation, je dois dire que les phénomènes parapsychologiques sont parfois très changeants, ce qui oblige à faire de temps en temps une remise à jour de certains sujets déjà traités accompagnée d'un petit rappel pour les lecteurs qui n'ont pas connaissance des ouvrages précédents.

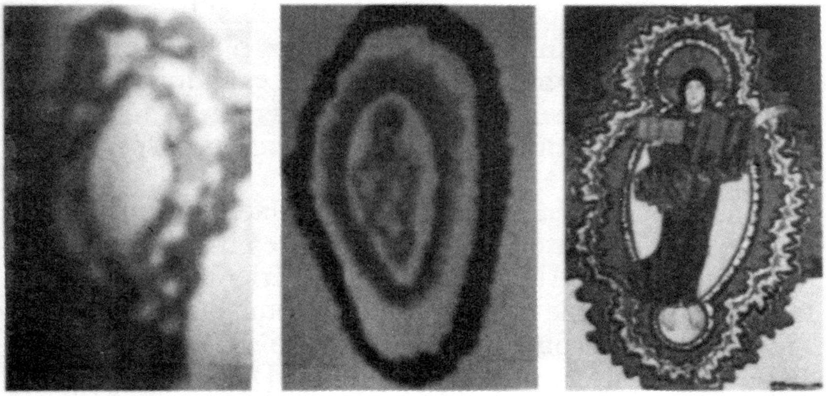

(A) (B) (C)

A — Quatrième photo fantomatique de Lucie faite au château de Veauce, dans la nuit du 8 au 9 août 1984, qui présente quatre couleurs différentes.

Le tracé extérieur, sur un fond brun sur la gauche et se dégradant pour devenir blanc sur la droite, est de couleur bleue. Puis allant vers le centre, une coloration blanche, légèrement mêlée de jaune sur la gauche, précède une forme ovoïde rouge qui entoure une masse blanche.

B — Cinquième photo fantomatique de Lucie faite au château de Veauce dans la nuit du 21 au 22 septembre 1986.

Coloration sur la totalité de la photo de teinte mauve.

Premier tracé ovoïde violet, puis, allant vers le centre, ovoïde mauve suivi d'un autre tracé ovoïde, d'abord jaune orangé virant ensuite sur le rouge vers le centre.

Au milieu apparaît une curieuse forme.

C — A titre de curiosité, photo tirée du folio 29 du *Beatus* de Saint-Sever, ou *Apocalypse* de Saint-Sever (XIe siècle. Original à la Bibliothèque nationale).

Le premier contour est de couleur bleue, de même clarté que le bleu de la photo (A), puis vient une coloration jaune puis une rouge, le centre est jaune... Curieuse similitude.

Le corps bioplasmique, appelé aussi corps éthéré, est le corps semi-matériel dont certains désincarnés peuvent suffisamment opacifier pour le rendre visible aux sensitifs, et même parfois aux personnes qui n'utilisent que la vue offerte par le corps physique. C'est ce corps bioplasmique qui est perçu dans l'apparition de fantômes.

Le corps bioplasmique se nourrit de l'énergie solaire, dont il imprègne le corps physique afin de le maintenir en vie. Après la mort du corps physique, le double (corps bioplasmique) ne peut rester vivant que s'il puise quelques énergies venant des restes du corps physique, et cela dans des proportions infinitécimales. Les inquisiteurs du Moyen Age le savaient, et pour ne pas être traqués par les fantômes de leurs victimes, brûlaient les corps physiques de celles-ci.

Dans mon précédent ouvrage[1], je relate les étonnantes manifestations fantomatiques constatées dans le château de Veauce, dans l'Allier, dans lequel, périodiquement, certaines nuits de lune croissante, le fantôme de Lucie apparaît sur les lieux où, il y a plusieurs siècles, elle a vécu, aimé, été torturée, puis mise à mort. Dans la nuit du 8 au 9 août 1984 je fus invité par deux producteurs de radio et de télévision, Anne Hoang (TF 1) et Jean-Yves Casgha (France Inter), pour expérimenter au château de Veauce. C'est alors que j'ai pu photographier pour la première fois le fantôme de Lucie. Cette photo trouble les savants. Les experts sont formels et unanimes à déclarer que cette photo n'est pas un artifice de laboratoire, ce qui veut dire que ce soit par une source lumineuse ou par thermoluminescence, la pellicule a été impressionnée.

Le fantôme était apparu cette année-là en produisant des luminescences et aussi de fortes clartés semblables à celles que produit la foudre. Nous avions également perçu des lamentations.

L'année suivante, dans la nuit du 17 au 18 août (1985), je pus à nouveau constater l'apparition de Lucie, accompagnée de fortes productions de lumière, du même type que la fois précédente.

Le dimanche 10 septembre 1986, je reçois un courrier de l'ARA (Association pour le respect de l'art), m'invitant au cocktail de remise des prix et à la dédicace de mon livre, *La Parapsychologie et l'invisible*, qui devait avoir lieu le dimanche 21 septembre à 17 heures, date à laquelle devait se dérouler la clôture des expositions multiples : quatorze salons de peintures, sculptures, etc. Cette clôture eut lieu sous la forme d'un vernissage, dont les orga-

1. *La Parapsychologie et l'invisile*, Éditions du Rocher.

nisateurs avaient accueilli de nombreux participants et des personnalités très connues.

Mon ami Pierre, ma petite-fille Aurore et moi décidâmes de partir en voiture le 20 septembre (1986) à 17 heures en direction de Gannat, car nous étions attendus à 21 heures à l'hôtel l'Agriculture, où nous avons coutume de nous reposer et de prendre nos repas lorsque nous allons à Veauce.

A environ une vingtaine de kilomètres avant la ville de Moulins, un petit voyant rouge signala une avarie au moteur... Quelques secondes plus tard de la fumée sortait du capot de la voiture. Nous nous arrêtâmes pour voir de quoi il s'agissait. A bien dire nous n'avons pu que constater qu'il y avait une fuite d'huile. Nous étions en rase campagne et la nuit faisait son apparition. Nous fîmes environ 1 kilomètre dans l'espoir de trouver une station-service pour réparer, lorsque nous vîmes sur notre gauche, légèrement en retrait de la route, un marchand de frites qui discutait avec quelques clients attardés et s'apprêtait à partir. Nous nous informâmes auprès de cet homme, pour savoir où nous pourrions trouver un dépanneur, celui-ci nous répondit : « Vous ne trouverez pas de garagiste à moins d'une dizaine de kilomètres d'ici. » Durant cette discussion, le fin filet d'huile avait continué à couler... Une grande tache s'étalait sur le sol caillouteux du bas-côté de la route. Il eût été imprudent de faire une dizaine de kilomètres dans de telles circonstances. Je demandai alors au marchand : « Où pourrai-je téléphoner ?
— Faites demi-tour, il y a une borne téléphonique sur la droite, à environ un kilomètre d'ici. »

Nous rebroussâmes chemin jusqu'à cette borne et je fis appel à la gendarmerie nationale. Un gendarme nous rassura en demandant le numéro de la borne près de laquelle nous nous trouvions, d'attendre, qu'il allait nous envoyer un dépanneur de service.

Nous attendîmes près de une heure, il faisait nuit. A une dizaine de mètres de là se trouvait la maison du gardien d'une grande propriété, les deux battants d'une porte étaient ouverts. Le gardien, visiblement inquiété par notre présence insolite, vint nous questionner, nous demandant ce qui justifiait notre stationnement près de la grille. Après lui avoir expliqué notre situation, il s'excusa en nous relatant les ennuis qu'il avait eus les jours précédents avec un vagabond.

Un quart d'heure plus tard le dépanneur arriva. Ne pouvant pas nous dépanner sur place, il nous dit : « Je vais emmener votre voiture au garage, je verrai ça demain, à tête reposée », il était 21 h 10.

Après une longue discussion il finit par accepter d'entreprendre la réparation. La voiture fut hissée sur la dépanneuse, nous montâmes dans la cabine avec le mécanicien et repartîmes en sens inverse de la direction prévue pour notre voyage, et cela durant vingt-cinq minutes, au bout desquelles nous nous trouvâmes dans un cimetière de voitures, dont la pâle clarté émise par la lune donnait une apparence fantasmagorique. Puis le mécanicien ouvrit la porte d'un hangar qui se trouvait à proximité. Nous nous introduisîmes dans cet endroit qui faisait office d'atelier de mécanique.

Il faisait froid... au-dehors un chien hurlait lugubrement dans la nuit. Ma petite-fille avait sommeil ; au bout d'une heure elle alla se reposer sur la banquette arrière de la voiture.

Trois heures s'étaient écoulées pour parvenir à la remise en état de marche de la voiture. En fait, il s'agissait d'un petit conduit de cuivre qui semblait poser un gros problème au mécanicien, qui ne trouvait pas l'équivalent dans le fameux cimetière.

Nous reprîmes la route et arrivâmes à Gannat le dimanche 21 septembre à 2 heures du matin. Mme Bayet[1] ne nous voyant pas arriver n'avait pas fermé à clef la porte de son hôtel. Une fiche très visible, épinglée sur le bureau d'accueil, indiquait le numéro de nos chambres. Dans l'une de celles-ci Mme Bayet nous avait préparé, avec beaucoup de délicatesse, une petite table avec un repas froid et des boissons. Ce geste chaleureux nous a été droit au cœur.

---

1. M. et Mme Bayet, propriétaires de l'hôtel-restaurant l'Agriculture, 3, place Rantian, 03800 Gannat.

Le repas terminé nous sommes allés nous reposer jusqu'à 9 h 30, puis nous avons longuement parlé avec M. et Mme Bayet que nous considérons comme des amis.

Ensuite, en attendant le repas de midi, nous nous sommes promenés en voiture dans les environs.

A 16 heures, nous arrivâmes au château de Veauce, discutâmes quelques instants avec M. le baron et Mme la baronne Tagori de la Tour, qui étaient très occupés à suivre la bonne marche de la manifestation artistique.

Au cours de la visite de l'exposition de peintures, nous fûmes présentés à de nombreuses personnalités. Ensuite, dans la grande salle du château, où se rassemblèrent les invités, Mme la baronne Denise Tagori de la Tour fit installer une table pour la dédicace de mon livre[1] qui attira l'attention d'un grand nombre de personnalités, avant et après la distribution des prix. Puis nous retournâmes à Gannat pour le repas du soir.

M. le baron Tagori de la Tour nous avait invités ce soir-là à faire la visite de nuit au château.

A 23 h 30, nous étions sur les lieux, la date était bien choisie, car c'était la période de pleine lune, si chère au fantôme de Lucie.

Il y avait déjà une quinzaine de touristes venus pour voir le fantôme. Puis nous devinâmes l'arrivée de M. le baron à la vue de la lumière vacillante de sa torche électrique qui apparut venant du fond du parc. Oui, c'était bien lui... Il ouvrit la grande grille et nous fit signe de le suivre.

Puis nous arrivâmes dans la salle des gardes. C'est à partir de cet endroit, uniquement éclairé par intermittence par la faible lumière de la torche électrique de M. le baron, que nous devions entrer en communication avec le fantôme de Lucie.

Il fallait faire le plus de silence possible, le fantôme de Lucie n'aime pas le bruit. Nous nous engageâmes à pas lents sur le chemin de ronde. Nous n'étions même pas à mi-chemin, entre la salle des gardes et la salle des pendus, qu'une faible lueur verte parut au bout du chemin

---

1. *La Parapsychologie et l'invisile,* Éditions du Rocher.

de ronde, face à nous. M. le baron demanda alors le silence total. La lueur disparut pour réapparaître quelques secondes plus tard, mais cette fois plus lumineuse que la première, puis redisparut. Elle surgit une troisième fois, éclairant cette fois tout le fond du chemin de ronde. Puis, dans cette clarté d'un vert phosphorescent, apparut la forme d'une femme vêtue d'une légère robe de voile qui laissait deviner toutes les formes de son corps, se mit à danser dans un silence absolu, c'était féerique. L'apparition a duré environ quatre secondes et a été interrompue par le bruit de mon appareil photographique. Ce qui m'a le plus surpris, c'est que cette fois-ci le fantôme de Lucie était opaque et la luminescence verte, de plus, il n'y eut aucune lamentation, ni marque de tristesse, ni de sensation de froid. Tout de suite après la fin de la manifestation fantomatique, une odeur d'hydrogène sulfuré se fit sentir fortement sur le lieu — ce que je n'avais pas remarqué les fois précédentes.

Les visiteurs qui se trouvaient en avant du groupe furent stupéfaits, les autres qui étaient placés derrière, et qui n'avaient rien pu voir, manifestèrent leur mécontentement en ridiculisant le phénomène.

Quoi qu'il en soit, cette quatrième visite nocturne au château de Veauce m'a permis d'obtenir une cinquième photographie de Lucie, qui présente une curieuse forme à l'intérieur des ovoïdes colorés.

Nous repartîmes du château de Veauce le 22 à 1 heure du matin et arrivâmes à Villeparisis à 6 heures du matin, sous un épais brouillard.

LA LUNE

La lune, comme chacun le sait, est satellite de la terre, autour de laquelle elle tourne, a une superficie de 38 milliards de kilomètres carrés, située à une distance moyenne de 384 402 kilomètres de la terre, est cinquante fois plus petite que celle-ci.

C'est à l'attraction de la lune, combinée avec celle du soleil, que sont dues les marées, mais cette planète exerce aussi une certaine influence sur les phénomènes parapsychologiques, et je pense qu'il est bon d'étudier cette amie qui éclaire durant la nuit les personnes attardées.

DIFFÉRENTS ASPECTS DE LA LUNE

Les six phases :

1re — La nouvelle lune (invisible).
2e — Croisant avant le premier quartier.
3e — Premier quartier.
4e — Pleine lune.
5e — Dernier quartier.
6e — Croisant après le dernier quartier.

Le premier quartier est aussi appelé « lune montante », pour le reconnaître facilement, il suffit de tracer une ligne imaginaire, de façon à former la lettre « p ».

Le dernier quartier est la phase de la lune dite « descendante », le tracé d'une ligne imaginaire fait apparaître la lettre « d ».

Il y a aussi la lune rousse qui suit Pâques, entre le 5 avril et le 6 mai.

La pleine lune :

Les trois premiers jours de la pleine lune, elle apparaît bien ronde et a tendance à troubler le sommeil des êtres humains. Sa clarté influe sur le système nerveux durant les nuits. Nous connaissons les effets de l'insolation. L'exposition aux rayons de la pleine lune présente aussi certains dangers par absorption de l'énergie vitale. Il est donc prudent de ne pas s'exposer aux rayons de la pleine lune, de s'assurer que les rayons lunaires ne s'infiltrent pas la nuit dans votre chambre, afin d'éviter un « coup de lune ».

La surexcitation ressentie par certains individus les incite à donner libre cours à leurs fantasmes.

La pleine lune est la période privilégiée pour les manifestations fantomatiques. L'absorption par la pleine lune de l'énergie des êtres vivants favorise le vampirisme énergétique des désincarnés pour se manifester.

Durant cette phase les animaux sont très perturbés, et particulièrement par le vampirisme lorsqu'ils en sont victimes. Les animaux des alentours qui vivent éveillés durant la nuit, se taisent quelques instants avant une apparition fantomatique. Les exercices de dédoublement « bilocation » sont facilités pendant la pleine lune, mais certaines autres expériences parapsychologiques en sont compromises. En effet, si dans les phénomènes de dédoublement le sujet cherche à s'extérioriser, il n'en est pas de même, par exemple, lorsqu'il cherche à faire venir à lui une information parapsychologique. (Il n'est pas question ici d'informations relevant du spiritisme.)

La nouvelle lune :

La nouvelle lune est la période active pour les êtres vivants incarnés, prédispose à l'action psychique, à la prise de conscience, à l'inspiration, etc.

Les plantes cueillies en période de nouvelle lune semblent être plus « vitalisantes » que celles cueillies pendant les autres phases lunaires.

Les quartiers sont, en quelque sorte, les dégradés situés entre la pleine lune et la nouvelle lune.

L'INFLUENCE DES PLANÈTES EN PARAPSYCHOLOGIE

Tout d'abord, étudions l'ordre des planètes :

— Saturne, représentée par le caractère ♄

— Jupiter, représentée par le caractère ♃

— Mars, représentée par le caractère ♂

— Soleil, représentée par le caractère ☉

— Vénus, représentée par le caractère ♀

— Mercure, représentée par le caractère ☿

— La lune, représentée par le caractère ☾

Jours et heures dans lesquels règnent les planètes :

Samedi	Dimanche	Lundi
1 h - Saturne	1 h - Soleil	1 h - Lune
2 h - Jupiter	2 h - Vénus	2 h - Saturne
3 h - Mars	3 h - Mercure	3 h - Jupiter
4 h - Soleil	4 h - Lune	4 h - Mars
5 h - Vénus	5 h - Saturne	5 h - Soleil
6 h - Mercure	6 h - Jupiter	6 h - Vénus
7 h - Lune	7 h - Mars	7 h - Mercure
8 h - Saturne	8 h - Soleil	8 h - Lune
9 h - Jupiter	9 h - Vénus	9 h - Saturne
10 h - Mars	10 h - Mercure	10 h - Jupiter
11 h - Soleil	11 h - Lune	11 h - Mars
12 h - Vénus	12 h - Saturne	12 h - Soleil
13 h - Mercure	13 h - Jupiter	13 h - Vénus
14 h - Lune	14 h - Mars	14 h - Mercure
15 h - Saturne	15 h - Soleil	15 h - Lune
16 h - Jupiter	16 h - Vénus	16 h - Saturne
17 h - Mars	17 h - Mercure	17 h - Jupiter
18 h - Soleil	18 h - Lune	18 h - Mars
19 h - Vénus	19 h - Saturne	19 h - Soleil
20 h - Mercure	20 h - Jupiter	20 h - Vénus
21 h - Lune	21 h - Mars	21 h - Mercure
22 h - Saturne	22 h - Soleil	22 h - Lune
23 h - Jupiter	23 h - Vénus	23 h - Saturne
24 h - Mars	24 h - Mercure	24 h - Jupiter

Mardi	Mercredi	Jeudi
1 h - Mars	1 h - Mercure	1 h - Jupiter
2 h - Soleil	2 h - Lune	2 h - Mars
3 h - Vénus	3 h - Saturne	3 h - Soleil
4 h - Mercure	4 h - Jupiter	4 h - Vénus
5 h - Lune	5 h - Mars	5 h - Mercure
6 h - Saturne	6 h - Soleil	6 h - Lune

7 h - Jupiter
8 h - Mars
9 h - Soleil
10 h - Vénus
11 h - Mercure
12 h - Lune
13 h - Saturne
14 h - Jupiter
15 h - Mars
16 h - Soleil
17 h - Vénus
18 h - Mercure
19 h - Lune
20 h - Saturne
21 h - Jupiter
22 h - Mars
23 h - Soleil
24 h - Vénus

7 h - Vénus
8 h - Mercure
9 h - Lune
10 h - Saturne
11 h - Jupiter
12 h - Mars
13 h - Soleil
14 h - Vénus
15 h - Mercure
16 h - Lune
17 h - Saturne
18 h - Jupiter
19 h - Mars
20 h - Soleil
21 h - Vénus
22 h - Mercure
23 h - Lune
24 h - Saturne

7 h - Saturne
8 h - Jupiter
9 h - Mars
10 h - Soleil
11 h - Vénus
12 h - Mercure
13 h - Lune
14 h - Saturne
15 h - Jupiter
16 h - Mars
17 h - Soleil
18 h - Vénus
19 h - Mercure
20 h - Lune
21 h - Saturne
22 h - Jupiter
23 h - Mars
24 h - Soleil

Vendredi

1 h - Vénus
2 h - Mercure
3 h - Lune
4 h - Saturne
5 h - Jupiter
6 h - Mars
7 h - Soleil
8 h - Vénus
9 h - Mercure
10 h - Lune
11 h - Saturne
12 h - Jupiter

13 h Mars
14 h - Soleil
15 h - Vénus
16 h - Mercure
17 h - Lune
18 h - Saturne
19 h - Jupiter
20 h - Mars
21 h - Soleil
22 h - Vénus
23 h - Mercure
24 h - Lune

SATURNE

Saturne domine sur la vie, la destinée et les sciences, les heures de Saturne, et particulièrement celles du samedi, qui est le jour de Saturne, favorisent les investigations sur la voyance dans le passé et dans l'avenir et aussi pour les guérisons spirituelles, les désenvoûtements et exorcismes.

Le Soleil

Le Soleil domine sur la spiritualité, l'amour, la grâce, l'espérance, le bonheur, le gain (dans certaines mesures), les héritages. Favorise les retours affectifs, les efforts dans le développement spirituel, les expériences d'invisibilité, les dénouements dans les affaires d'argent et la réalisation de certaines espérances.

La Lune

La Lune domine sur les songes, les larcins, les sciences paranormales et sur les caractères des êtres vivants.

Mars

Mars domine sur les haines, combats, les querelles, la guerre et toutes les formes d'agressions. Favorise les exorcismes en combats directs dans l'invisible avec les esprits malveillants qui se trouvent alors à force égale, le combattant doit « peser » sa force avant d'entreprendre un combat dans l'invisible, sous la domination de Mars, car les antagonistes seront soutenus par cette domination, dans une lutte farouche laissant une chance égale à chaque combattant... Que le plus fort gagne !!!

Mercure

Mercure domine sur le commerce, les dettes, les maladies et les craintes. Favorise l'aide psychique dans les problèmes de commerce.

JUPITER

Jupiter domine sur les richesses et les souhaits. Favorise les souhaits et les moyens financiers.

VÉNUS

La planète Vénus domine sur la beauté, l'amour et l'amitié. Favorise l'harmonie affective, la restructuration esthétique et les sentiments amicaux.

A titre documentaire, sachez que :

Le jaune est la couleur du Soleil.
Le blanc, la couleur de la Lune.
Le vert, la couleur de Vénus.
Le rouge, la couleur de Mars.
Le bleu, la couleur de Jupiter.
Le noir, la couleur de Saturne.
Argent, la couleur de Mercure.

Les expérimentateurs psychiques peuvent, sous n'importe quelle influence planétaire du moment, opérer en se projetant dans l'avenir, sous un jour et une heure favorables pour être favorisés, s'ils le désirent, mais la simple volonté du sujet réalisé suffit pour que cette projection se fasse tout naturellement, sans qu'il ait à s'en soucier.

NOS AMIS LES VÉGÉTAUX

INCORPORATION DE VÉGÉTAUX

Expérience faite avec un arbre destiné à être abattu

Ayant incorporé un chêne, je devins l'arbre... Je sentis la sève circuler en moi... La respiration par mes feuilles me permit de sentir les odeurs... Je suçai par mes racines ma nourriture terrestre.

L'hiver venu, lorsque mes feuilles furent tombées, je plongeai dans un profond sommeil jusqu'au réveil du printemps...

Tout ceci me sembla normal. Ce qui me surprit, ce fut la perception visuelle extérieure à moi, végétal que je fus, qui, par nature, se situa à tous les niveaux; je m'explique :

Dans mon corps incarné je peux observer le monde extérieur par l'action de ma volonté, sans utiliser les yeux organiques, mais, normalement, je vois le monde extérieur uniquement par les organes de la vue, ce qui n'est pas le cas dans le monde végétal, lequel ne possède pas un organe spécifique à la vue.

Je ne souffrais pas lorsque mes feuilles tombèrent en automne. Il s'agit là d'une conséquence naturelle.

Dans les cas où il y eut une rupture nette et rapide de mes branches et de mon tronc, je demeurai insensible, comme le sont les cheveux et les ongles du corps humain lorsqu'on les coupe, mais lorsqu'une de mes branches fut cassée, sans être séparée de mon corps, tant que ma sève passa dans la partie lésée, j'éprouvai une très désagréable sensation.

La partie la plus sensible de mon corps se situait aux racines et au niveau du tronc, où les racines prennent naissance.

Dans cette situation « invégétée » je menai une vie contemplative. Cette vie sédentaire me parut très agréable...

« Que d'agitations nécessaires aux êtres incarnés pour la recherche de leur nourriture... Nourriture... Nous, les plantes, avons le privilège de trouver ce qu'il nous faut, sur place », disai-je.

LES LÉGUMES

Afin de ne pas les faire souffrir, s'il s'agit de légumes à sortir de terre en conservant les racines, tels que navets, radis, carottes, betteraves, poireaux, etc. Il faut les extraire en soulevant la terre à l'aide d'une fourche-bêche, ou d'une machine agricole appropriée, mais ne pas les arracher en les tirant par leurs feuilles, ce qui provoquerait le plus souvent des lésions plus ou moins douloureuses pour la plante.

— Si vous devez raccourcir les feuilles, par exemple, d'une carotte, ne le faites pas en les tordant pour les rompre, mais coupez-les nettement, ce qui est vrai pour les branches d'un arbre l'est également pour les légumes.

— Sachant que la fonction de « survie » des plantes se

situe au niveau de leurs racines, pour les conserver, s'il s'agit par exemple, de poireaux, choux, salades, etc., ne coupez pas leurs racines durant la période d'attente pour la consommation, car alors vous conserveriez des cadavres, ce qui diminuerait considérablement la fonction tonique en tant que nourriture.

— Les légumes à racines pivotantes, carottes, navets, radis, betteraves, etc., démunis de leurs feuilles, ne perdent pas une partie de leurs propriétés de nourriture tonifiante, mais au bout d'un certain temps, comme les autres légumes, ou diverses plantes, par manque de nourriture, l'état de mort se produit.

— L'expérience montre que, si l'on coupe les feuilles des carottes, poireaux, arbres, etc., ceux-ci, comme de très nombreuses autres plantes, dans leur période de vitalité, refont des tiges et des feuilles, la vie est encore là!...

Les graines et les fruits semblent insensibles à la douleur. La cueillette des fleurs ne provoque pas de souffrance à la plante, si elles sont coupées net. Elles ne doivent pas être détachées d'une plante en cassant, ni en tordant leur tige. Une fleur avec sa tige détachée d'une plante vit jusqu'à épuisement de ses réserves cellulaires, avec l'intelligence de ses cellules, mais ne fait plus partie de la vie de la plante dont elle dépendait, de la même façon qu'un membre, ou un organe, détaché de certains animaux. Cependant, un pont télépathique subsiste, et dans certaines circonstances il peut se produire des interactions.

Le rapport des plantes avec les êtres humains.

Le philodendron

Il y a quelques années, j'avais un philodendron de grande taille, qui s'étendait le long d'un mur de ma salle de séjour, d'environ deux mètres sur le rebord du plafond. Pour des raisons d'esthétique, j'avais coupé cette plante, afin de la ramener le long du mur... Elle grandit et se courba à nouveau vers le haut, pour s'allonger sur le rebord du plafond, dans les deux années qui suivirent. Je dus alors recommencer cette opération car elle s'était étalée en ligne droite, sur 30 centimètres. Ceci étant fait, balayant du regard de haut en bas cette plante, je lui dis, avec la certitude qu'elle me comprendrait : « Si tu t'étales encore sur le plafond, je serai dans l'obligation de te couper de nouveau. »

En prononçant ces mots je m'imaginai en train de couper cette plante à la limite du plafond. Les jours qui suivirent, ma surprise fut grande en m'apercevant que la tige de cette plante se recourbait progressivement sur elle-même, formant par la suite une sorte de couronne dont la partie la plus haute restait à la limite du mur et du plafond.

RÉPONSES AUX LECTEURS

Lettre de M. D. F.

Le 10 juillet 1987.

« Monsieur Réant Raymond,

J'ai le plaisir de vous écrire pour élucider une question dans le domaine de la psychopathotactie, qui est l'un des plus passionnants et motivants.

Voilà ma question :

Sachant que vous captez la "mémoire" d'une pierre, et même à partir d'un cheveu pourrait-on considérer la terre comme une énorme pierre, et en connaître tout le passé de notre civilisation, tout en se disant que l'homme a été en contact perpétuel, du moins depuis sa naissance, avec la terre. Sinon, pourrait-on en déduire, d'une certaine façon parapsychologique, que tout est dans l'esprit, ou mémoire, perdu en somme, que l'homme soit toute chose, mais qu'il doit en prendre conscience, et réveiller ce qu'il a enfoui dans les profondeurs de l'esprit. Y a-t-il d'autres domaines et connaissances que vous ne citez point dans vos livres, ou que vous ne désirez point aborder?

Amicalement, un de vos lecteurs. »

M. R. R. — Ces questions sont très pertinentes. En effet, il est possible par la psychopathotactie, en prenant contact avec la terre, de connaître tout le passé de notre civilisation, mais ceci demanderait un travail considérable, surtout pour placer les observations selon les dates historiques.

Tout est également enregistré dans l'esprit de l'homme, car lui aussi est un contact de la terre. Vous pouvez lire dans Job, chapitre XXXVIII, versets de 4 à 22 :

« L'Éternel répondit à Job : "Où étais-tu quand je fondais la terre, etc. Verset 21. — Tu le sais car alors tu étais né et le nombre de tes jours est grand". »

Mais voilà, il se passe tant de choses dans le cerveau humain, que les pensées s'entrechoquent sans cesse, et les souvenirs les plus enfouis restent comme paralysés dans leur refuge, et c'est dans ce refuge qu'il faut s'infiltrer pour y décrypter les souvenirs du lointain passé.

Lettre de Mlle S. M.

« Cher monsieur,

Votre livre *Pratiquez la parapsychologie* m'a été donné par une amie. Le début, sur l'étude du comportement, est passionnant, il est dommage qu'elle n'ait pas été plus amplement élucidée, j'aimerais en savoir plus.

Je dois vous dire que je me suis procurée vos autres livres, et qu'à leur lecture j'ai découvert en partie ce que je cherchais, et mon intérêt pour la parapsychologie s'est encore plus développé grâce à vos expériences... Je trouve cela très intéressant. Ce qui me plaît le plus dans vos livres, c'est le dédoublement, mais puis-je vraiment dire que c'est la chose qui m'a le plus intéressée ! Non, je ne le pense pas, car tout ce que vous écrivez me passionne.

J'attends avec impatience la sortie de votre prochain livre... »

M. R. R. — Plusieurs lecteurs m'ont fait la même remarque au sujet du comportement, certes il y a beaucoup à dire, il faudrait y consacrer tout un livre, mais j'ai tant de choses à écrire, et si peu de temps pour le faire, alors, j'essaie de contenter le plus de lecteurs possible et diversifier mes textes. Mais, tenant compte de votre correspondance, je vais utiliser quelques pages dans ce livre pour le comportement.

Je vous remercie pour l'intérêt que vous portez à mes ouvrages.

CONCLUSION

Me voici arrivé au terme de mon cinquième livre, dans lequel j'ai exposé de nouvelles expériences et conditionnement de la nature psychique de l'homme.

Je pense qu'il est grand temps de placer parmi les sciences celle qui, certainement, est la plus ancienne, celle qui concerne l'étude du soi-disant « paranormal », de lui imposer la rigueur, la logique qui font la valeur de toutes les sciences. Les faits écrits dans mes livres peuvent paraître étranges, heurter certains dogmes scientifiques, soulever des moqueries, cela m'indiffère, ne m'émeut guère, car la balance penche à présent du côté digne de leur véritable valeur.

L'être humain possède des ressources encore insoupçonnées, aussi bien matérielles que psychiques.

Nous savons par expérience que le raisonnement logique n'est pas de grand secours dans cette discipline qu'est la parapsychologie. Je ne cherche à convaincre personne, mais il faut bien avoir conscience que nous possédons tous des moyens de connaissances autres que ceux qui nous sont donnés à l'aide de nos cinq sens habituels.

Rien n'est mystérieux, uniquement notre ignorance.

Ne faites pas fi des façons de pensée ou des croyances qui ne sont pas les vôtres, mais examinez tout et gardez ce qui vous convient le mieux pour votre évolution spirituelle.

Le conseil que je puis me permettre de donner à ceux qui désirent évoluer spirituellement, c'est de se hâter à acquérir la sagesse, car la vie terrestre, comme un coup de vent, passe, ne laissant que des souvenirs difficilement modifiables. « Le bilan du passé est le germe de l'avenir. » Soyez sur vos gardes, et mettez à profit chaque instant de votre vie terrestre.

Veillez sur tout ce que vous faites, sur tout ce qui vous environne, commencez dès aujourd'hui, ne soyez pas convaincu que vous contrôlez tout ce qui vous concerne, et encore moins ce qui concerne les autres. Le contrôle des pensées est le premier pas le long du chemin qui mène au sommet de l'évolution spirituelle. Le premier obstacle à franchir s'avère être en vous-même. Le corps physique est le « bain » dans la matière qui sert à transformer l'esprit, l'être invisible, afin qu'il devienne incorruptible.

La parapsychologie concerne les sens spirituels, c'est-à-dire ceux de l'esprit.

Il est très difficile de faire comprendre l'importance des facultés qui en dépendent à ceux qui ne tentent pas d'éveiller en eux leurs sens spirituels.

Pour évoluer, l'individu doit mener un contrôle permanent sur lui-même pour se positiver dans la vie matérielle et, pour y parvenir, procéder à plusieurs réincarnations, s'il le faut, ce qui est généralement le cas pour l'ensemble des humains, et cela jusqu'à ce qu'il parvienne au sommet de son évolution, où il se confond avec l'univers, comme la goutte d'eau tombant dans l'océan se fond et fait partie intégrante de l'océan... elle est la goutte d'eau et l'océan lui-même.

LEXIQUE

Actiopsyraforsecantus :

Synonyme de enchantement.

Enchantement :

Action psychique produite avec l'aide du chant, mais le sens de ce mot a été attribué à toutes sortes de prodiges obtenus principalement par la magie. Pour ne pas confondre avec certaines formes de la magie noire, je préfère utiliser le mot, « action psychique renforcée par le chant » (APRC).

Formes pensées :

Pensées « dynamisées » qui prennent forme dans l'invisible et entrent en activité, tendant à reproduire objectivement la forme d'activité qui leur a été conférée.

Métempsycose :

Du grec *meta*, qui indique changement, en, dans, et *psukhê*, âme. Il s'agit là de la transmigration des âmes d'un corps dans un autre, par exemple, la réincarnation de l'âme d'un homme dans le corps physique d'un chien, d'un chat, d'un serpent, etc. Ce dogme a été admis dans l'Antiquité par plusieurs peuples orientaux, et actuellement, en Inde, au Tibet, etc. En parapsychologie, nous avons une version différente de ce changement.

Physiognomonie :

La physiognomonie, basée sur l'examen de l'aspect physique, comparé à l'aspect moral d'un individu, n'entre pas dans le cadre de la parapsychologie. Il s'agit plutôt là d'un rapprochement de certains types humains, avec les tendances astrales des planètes, Jupiter, Lune, Mars, Mercure, Saturne, Soleil et Vénus.

Psyodorotélépathie :

Du grec *psukhê*, âme, du latin *odor*, sensation que produisent sur l'odorat certaines émanations.

— Transmission psychique à distance d'une odeur.

Psychosaportélépathie :

La psychosaportélépathie, du grec *psukhê*, âme, du latin *sapor*, saveur, du grec *têlé*, loin et de *pathos*, affection.

— Transmission psychique à distance de la sensation d'une saveur.

Psychosonotélépathie :

Du grec *psukhê*, âme, du latin *sonus*, son, du grec *têlé*, loin et de *pathos*, affection.

— Transmission psychique de la sensation d'un son ou d'une information sonore, au loin.

Psychotactotélépathie :

Du grec *psukhê*, âme, du latin *tactus*, toucher, du grec *têlé*, loin et de *pathos*, affection, sensation.

— Transmission psychique et à distance de la sensation du toucher.

Psychotéléenregistrement :

Du grec *psukhê*, âme, du grec *têlé*, loin et du latin *regestrum*, livre où l'on inscrit les actes.

— Enregistrement à distance, par voie psychique.

Rayon jaune :

Traces jaunes produites par un téléempoisonnement psychique.

Tourbillon psychique :

Sans avoir recours à un objet matériel, l'énergie émise par la concentration de la pensée est susceptible, même à de très grandes distances, de produire des obstacles, vis-à-vis des personnes en état de dédoublement, aux émissions négatives émises par des personnes malveillantes, et toutes autres manifestations d'ordre psychique.

Vampirisme :

En matière de parapsychologie, action de certaines personnes qui « absorbent » l'énergie nerveuse ou psychique des gens (vampirisme psychique).

BIBLIOGRAPHIE

Richet Charles, *Traité de métapsychique*. Paris, Éditions Alcan, 1923.

Giot P.-R., *Menhirs et Dolmens - Monuments mégalithiques de Bretagne*, directeur de recherche titulaire au CNRS, ancien directeur en antiquités préhistoriques de Bretagne (1947-1972), Éditions d'art Jos-Le Doaré, Châteaulin (Finistère).

Bardo-Tödol, Livre des morts tibétain, suivant la version anglaise du lama Kazi Dawa Samoup, Édité par le Dr W.Y. Evans Wentz, Librairie d'Amérique et d'Orient, Adrien Maisonneuve et J. Maisonneuve SVC... 11, rue Saint-Sulpice, Paris, 1977.

Abbé Julio, *Le Livre des grands exorcismes et bénédictions*, Éditions Niclaus-Bussière, 1970.

François Ribardeau-Dumas, Les productions de Paris, 9, rue Lincoln, Paris VIIIe.

Présence des extra-terrestres, par Erick Von Däniken, Éditions Robert Laffont, 1969, p. 25.

TABLE DES MATIÈRES

Aubin Imprimeur
LIGUGÉ, POITIERS

Éditions du Rocher
28, rue Comte Félix Gastaldi
Monaco

Achevé d'imprimer en décembre 1988
N° d'édition, CNE section Commerce et Industrie, Monaco 19023
N° d'impression L 30140
Dépôt légal, décembre 1988
Imprimé en France